# REVOLUÇÃO FRANCESA

COLEÇÃO HISTÓRIA NA UNIVERSIDADE – TEMAS

Coordenação Jaime Pinsky e Carla Bassanezi Pinsky

CIVILIZAÇÕES PRÉ-COLOMBIANAS • Alexandre Guida Navarro
ESTADOS UNIDOS NO SÉCULO XX • Flávio Limoncic
IMPERIALISMO • João Fábio Bertonha
INDEPENDÊNCIA DO BRASIL • João Paulo Pimenta
JUVENTUDE E CONTRACULTURA • Marcos Napolitano
PRÉ-HISTÓRIA DO BRASIL • Pedro Paulo Funari e Francisco Silva Noelli
REVOLUÇÃO FRANCESA • Daniel Gomes de Carvalho
ROTA DA SEDA • Otávio Luiz Pinto
SEGUNDA GUERRA MUNDIAL • Francisco Cesar Ferraz
UNIÃO SOVIÉTICA • Daniel Aarão Reis

*Conselho da Coleção*

Marcos Napolitano
Maria Ligia Prado
Pedro Paulo Funari

Proibida a reprodução total ou parcial em qualquer mídia
sem a autorização escrita da editora.
Os infratores estão sujeitos às penas da lei.

A Editora não é responsável pelo conteúdo deste livro.
O Autor conhece os fatos narrados, pelos quais é responsável,
assim como se responsabiliza pelos juízos emitidos.

Consulte nosso catálogo completo e últimos lançamentos em www.editoracontexto.com.br.

Daniel Gomes de Carvalho

# REVOLUÇÃO FRANCESA

HISTÓRIA NA UNIVERSIDADE – TEMAS

Copyright © 2022 do Autor

Todos os direitos desta edição reservados à
Editora Contexto (Editora Pinsky Ltda.)

*Ilustração de capa*
Horace Vernet, *La Bataille du Pont d'Arcole* (1826)

*Montagem de capa e diagramação*
Gustavo S. Vilas Boas

*Coordenação de textos*
Carla Bassanezi Pinsky

*Preparação de textos*
Mariana Carvalho Teixeira

*Revisão*
Lilian Aquino

Dados Internacionais de Catalogação na Publicação (CIP)

Carvalho, Daniel Gomes de
Revolução Francesa / Daniel Gomes de Carvalho. –
1. ed., 2ª reimpressão. – São Paulo : Contexto, 2024.
176 p. : il. (Coleção História na Universidade – Temas)

Bibliografia
ISBN 978-65-5541-164-5

1. França – História – Revolução, 1789-1799 I. Título II. Série

22-2008                                           CDD 944.04

Angélica Ilacqua – Bibliotecária – CRB-8/7057

Índice para catálogo sistemático:
1. França – História – Revolução, 1789-1799

2024

EDITORA CONTEXTO
Diretor editorial: *Jaime Pinsky*

Rua Dr. José Elias, 520 – Alto da Lapa
05083-030 – São Paulo – SP
PABX: (11) 3832 5838
contato@editoracontexto.com.br
www.editoracontexto.com.br

# Sumário

Introdução .................................................................................................. 7

As heranças da Revolução Francesa ..................................................... 11

A Revolução foi apenas francesa?
A Era das Revoluções de 1760 a 1789 ................................................. 27

A monarquia, a reforma e a Revolução ................................................ 45
(1715-1789)

Dos Estados Gerais aos Direitos do Homem ...................................... 69
(Maio de 1789 – Dezembro de 1789)

Do "Ano Feliz" à guerra .......................................................................... 91
(Janeiro de 1790 – Abril de 1792)

A Guerra Revolucionária e a Convenção Girondina ....................... 109
(Abril de 1792 – Junho de 1793)

A Revolução Jacobina .......................................................................... 125
(Junho de 1793 – Julho de 1794)

A França entre o Termidor e o Brumário:
do Golpe de Estado à Nova Política Imperial .......................... 145
(Julho de 1794 – Novembro de 1799)

A Revolução indomesticável ........................................................... 167

Sugestões de leitura ............................................................................ 175

# Introdução

É difícil exagerar a importância da Revolução Francesa. Gostemos ou não, as heranças revolucionárias podem hoje ser encontradas por toda parte. Nas bandeiras tricolores, em nossos códigos civis, na ideia dos direitos humanos, na noção de cidadania ou na incontornável classificação política de direita e de esquerda, os dramáticos anos revolucionários deixaram marcas duráveis na contemporaneidade. O hino de guerra da Revolução Francesa, "A Marselhesa", foi cantado pelos poloneses lutando pela soberania em 1794, pelos húngaros na luta antissoviética em 1956 e pelos chineses no protesto por liberdade e democracia na praça da Paz Celestial em 1989.

Este livro visa ser uma publicação útil para estudantes, docentes e demais interessados em História que buscam um guia introdutório sobre a Revolução Francesa. Ele incorpora debates realizados nas últimas décadas por uma historiografia cada dia mais refinada, plural e complexa. E apresenta não apenas pontos de vista distintos sobre assuntos mais conhecidos, mas também temas que não figuravam na historiografia clássica e podem despertar interesse de futuras pesquisas. Não obstante, se é verdade que, hoje, um químico ou um médico podem ter sucesso em suas pesquisas sem recorrer diretamente às produções feitas nos séculos anteriores, quem lida com história corre sérios riscos quando ignora os clássicos de seu próprio campo. Isso é ainda mais verdadeiro quando tratamos da Revolução Francesa, tema de estudo de historiadores muito sofisticados. Assim, nenhuma História séria dos acontecimentos de 1789 a 1799 pode deixar de lado os trabalhos de um Jules Michelet, de um Jean Jaurès, de um Georges Lefebvre, de um Albert Soboul, de um François Furet ou de uma Lynn Hunt, e certamente não é esse o nosso caso.

Mas de qual Revolução Francesa estamos falando? O nome abrangente e em letra maiúscula – "Revolução" – pode levar a crer que se trata de um processo unificado ("um bloco", como disse o general Clemenceau), o que não é correto. A Revolução Francesa foi, de fato, plural em suas possibilidades, anfíbia em seus legados e diversa em seus protagonismos. O vermelho, o azul e o branco – para muitos hoje as cores da liberdade, da igualdade e da fraternidade – ganham tonalidades cinzentas se considerarmos, por exemplo, os pontos de vista das mulheres de Paris, dos camponeses da Vendeia, dos escravizados do Caribe ou dos sacerdotes do Egito.

Além disso, da mesma maneira que uma fotografia ou uma lembrança podem, por assim dizer, sequestrar uma experiência vivida, delimitando o que pensamos a respeito de nosso passado, na escrita da História, as representações exercem poderosa autoridade sobe os fatos. Afinal, ao privilegiar um ou outro aspecto do processo revolucionário, é possível ao historiador cunhar na mente de seus leitores diferentes impressões do que foi o período revolucionário. Tendo isso em vista, em nosso primeiro capítulo discutiremos as diferentes formas de olhar a Revolução Francesa e os legados ambíguos que os intérpretes atribuíram aos eventos revolucionários.

Nos dois capítulos seguintes, iremos percorrer o mundo atlântico antes de 1789, recorrendo à noção de Era das Revoluções Democráticas, teorizada pelos historiadores Robert Palmer e Jacques Godechot (ao contrário dos dois autores, contudo, não iremos "silenciar o passado" do Caribe, para recorrermos aos termos do antropólogo haitiano Michel Trouillot), e discutindo a natureza da monarquia francesa. No quarto capítulo, mobilizaremos a teoria das "quatro revoluções" (aristocrática, burguesa, popular-urbana e camponesa) de Lefebvre para compreender a passagem do Antigo Regime para o que Antoine Barnave, um dos protagonistas do período, chamou de "febre revolucionária".

Os quatro capítulos seguintes seguem a ordem convencional dos acontecimentos: a Monarquia Constitucional, a Guerra, a emergência da "Segunda Revolução Francesa", a Convenção e o Diretório. Teremos em vista as abordagens mais recentes a respeito de temas como "o terror" (sempre em minúsculo, como empregava Robespierre e como faz atualmente o historiador Jean-Clément Martin), os "girondinos" e o imperialismo. O Diretório, não raro deixado em segundo plano, será aqui apresentado como um período de grande importância. Por fim, o último capítulo tratará, a um só tempo e de forma integrada, da França após 1799 e das linhas mestras da historiografia da Revolução Francesa.

Em 1998, por ocasião da X Conferência Marc Bloch, na Universidade da Sorbonne, a historiadora Mona Ozouf defendeu como credo central da Revolução Francesa a ideia de que "a Revolução não tem idade": cada geração poderia enxergar-se como a primeira, tendo o direito de reinventar o mundo, como se fossem "filhos sem mãe", conforme a epígrafe do *Espírito das Leis,* do filósofo Montesquieu. A Revolução, desse ponto de vista, seria uma eterna parteira de esperanças. Contudo, é possível ainda acrescentar que a Revolução Francesa, com toda a sua riqueza e complexidade, nos legou outro privilégio: o de podermos, a cada geração, reescrever sua História tendo em vista não apenas novas descobertas documentais, mas também, e sobretudo, os nossos próprios agoras, com suas próprias tensões e problemas. Por isso, este livro pretende contribuir para o debate em nosso próprio tempo.

# As heranças da Revolução Francesa

## CLAIRE LACOMBE, MULHER LIVRE

Claire Lacombe era filha de mercadores e nasceu em 1765, em Pamiers. Duas décadas depois, já era reconhecida como uma atriz talentosa que atuava junto a uma companhia de artistas e se apresentava em teatros de Marselha e de Lyon. A pouca documentação que existe sobre ela a descreve como uma mulher de cerca de um metro e meio, rosto e queixo arredondados, olhos, cabelos e sobrancelhas castanhos. Para essa atriz, assim como para tantas outras mulheres, a Revolução Francesa abriu novas possibilidades de pensar sobre si e sobre o mundo. Aos 27 anos, instigada pelos acontecimentos revolucionários e fugindo de perseguições políticas por conta de suas opiniões, Claire Lacombe mudou-se para Paris.

No século XVIII, havia certa afinidade entre teatro e contestação. Embora os artistas ainda fossem marginalizados e os espetáculos estivessem submetidos a regulamentações e censuras, as apresentações eram momentos propícios para discussões, protestos e trocas sociais. As plateias, mesmo que comportassem espaços especiais reservados para as elites, congregavam um público socialmente misto.

Não por acaso, os teatros foram alvo de extensos debates entre os filósofos iluministas Jean le Rond d'Alembert e Jean-Jacques Rousseau, este último preocupado com a possível influência negativa do teatro sobre a vida social. Rousseau preferia as festas de praça, nas quais a distinção entre ator e espectador poderia desaparecer em uma grande comunhão nacional. Enquanto isso, em Versalhes, a rainha Maria Antonieta, apaixonada pela dramaturgia, improvisava peças amadoras com outros membros da corte. Curiosamente, ela costumava escolher papéis diferentes daqueles que representava no seu próprio dia a dia, como os de pastora, moça de aldeia e criada de quarto.

Diferentemente do que ocorre hoje, durante as apresentações teatrais, as pessoas do público caminhavam, conversavam e podiam interromper as peças. Apenas a partir de 1750 é que as óperas passaram a ser escutadas em silêncio. Na década seguinte, os espectadores seriam proibidos de se sentarem nos palcos e, em 1782, a Comédie-Française – a mesma companhia que coroou um busto de Voltaire na presença do filósofo – finalmente instalou bancos em seu teatro.

Nesse sentido, o teatro era visto por um número grande de pessoas como um meio de transmitir mensagens políticas, como na polêmica peça *Carlos IX*, protagonizada pelo mais popular ator da época, François-Joseph Talma. Outra peça, *Zamora e Mirza* (depois rebatizada como *A escravatura dos negros*), da escritora Olympe de Gouges, denunciava a violência e a injustiça da escravidão. Ambos, Gouges e Talma, seriam militantes revolucionários. Não por acaso, em agosto de 1789, o conservador *Jornal de Paris* argumentava que a liberdade no teatro era "muito mais perniciosa que a liberdade de imprensa, pois era capaz de colocar todas as paixões em movimento".

Na Revolução Francesa, os artistas, vistos como párias no Antigo Regime, foram reconhecidos oficialmente como cidadãos plenos no dia 24 de dezembro de 1789. As revolucionárias leis de liberdade comercial de 1791 possibilitaram a construção de novos teatros – ao todo, foram erguidos 11 novos teatros durante a Revolução.

É nesse contexto que, em julho de 1792, encontramos Claire Lacombe discursando para a Assembleia dos deputados da França, oferecendo-se para o combate e exigindo a prisão dos traidores: "francesa, artista e sem lugar. Esta sou eu [...]. Nascida com a coragem de uma romana e com o ódio contra os tiranos, me sentirei orgulhosa de contribuir para que eles sejam destruídos. Morte aos déspotas, até o último deles! Pérfidos, escravos de Nero e Calígula!". Contudo, embora o discurso tenha sido aceito e impresso, seu pedido foi rejeitado e, em 30 de abril de 1793, as mulheres foram formalmente proibidas de integrar o exército (com exceção das lavandeiras e das *vivandières*, estas depois chamadas "cantineiras", por cuidarem das "cantinas" nos campos de batalha).

Em agosto de 1792, Claire Lacombe se juntou aos grupos populares conhecidos como *sans-culottes* e participou do ataque ao Palácio das Tulherias, onde estava o rei Luís XVI. Por sua atuação na ocasião, Lacombe receberia da Guarda Nacional da França uma coroa cívica. Nos meses seguintes, passou a frequentar os encontros do Clube dos Jacobinos, onde foi honrada como "heroína de agosto", e integrou a Sociedade Fraternal dos Patriotas de Ambos os Sexos. Em maio de 1793, foi fundada a Sociedade das Republicanas Revolucionárias, organização na qual Lacombe chegou a ser secretária, presidente e principal porta-voz. A Sociedade abrigava cerca de 200 mulheres, em estreita ligação com os *sans-culottes* e sua fração mais à esquerda, os "enraivecidos". Lacombe era particularmente próxima do enraivecido Theophile Leclerc, com quem viveu antes de ele se casar com Pauline Léon, outra revolucionária importante.

A Sociedade argumentava que "as mulheres são tão ou mais dignas de governar que os homens" e endossava as propostas de Jacques Roux, o "padre vermelho", uma das lideranças dos enraivecidos: o tabelamento de preços, a punição dos traidores da pátria e a ação popular direta na política. Em junho de 1793, o grupo atuou para a derrubada dos girondinos do poder.

Acusada pelo governo de dar abrigo a aristocratas e caluniada como "amante dos vinhos e dos homens", Lacombe foi encarcerada na prisão de Sainte-Pélagie em 16 de setembro de 1793. Mas foi solta na mesma noite por não carregar consigo nada além de "cartas patrióticas". Em outubro, compareceu diante dos jacobinos para refutar seus acusadores: "nós temos sentimentos mais generosos que os homens. Nosso sexo só produziu um monstro" – disse referindo-se à assassina do líder popular Jean-Paul Marat,

## 14 REVOLUÇÃO FRANCESA

Charlotte Corday – ao passo que "nós fomos traídas e assassinadas por inúmeros monstros que foram produzidos pelo sexo masculino. Nossos direitos são os direitos do povo, e se vocês nos oprimem, nós saberemos resistir à opressão".

Com efeito, a mesma Revolução Francesa que abriu caminhos acabaria, em suas reviravoltas, criando obstáculos para a ação feminina. Poucos dias depois da referida prisão, as mulheres republicanas dirigiram-se ao mercado e insultaram e atacaram as mulheres peixeiras, que se recusavam a usar os símbolos tricolores (azul, branco e vermelho) e a boina vermelha revolucionária. Os homens jacobinos deputados da Assembleia Revolucionária utilizaram o evento como pretexto para fechar a Sociedade das Republicanas Revolucionárias, em 30 de outubro de 1793. Seus argumentos envolviam a ligação das mulheres republicanas com os "enraivecidos", que eram considerados muito radicais, e a inaptidão feminina para a atividade política. A defesa da ideia da "maternidade republicana" também foi usada para excluir as mulheres do espaço público; o jacobino Saint-Just dizia que "as mães que não amamentassem seus filhos deixavam de ser mães aos olhos da pátria". (Vale lembrar o caráter antiaristocrático da amamentação, dado que as mulheres da nobreza raramente amamentavam os filhos, entregando-as às amas de leite.)

A repressão contra a Sociedade foi simultânea ao maior controle sobre o teatro. O governo jacobino, por proposta de Couthon e remetendo diretamente aos argumentos de Rousseau, proibiu as peças de teatro tidas como monarquistas (na prática, peças que não eram monarquistas, mas antijacobinas, também foram reprimidas) e encorajou peças de teatro que despertassem os "valores republicanos". Todas as cidades com mais de 4 mil habitantes ganharam um teatro (frequentemente, no espaço de antigas igrejas) e espetáculos "patrióticos" feitos "pelo povo e para o povo" poderiam ser assistidos gratuitamente entre 17h30 e 20h.

Por conta da apresentação da comédia *Pamela,* de François de Neufchâteau, que tinha uma nobre como heroína, a Comédie-Française (que já havia sido rebatizada como "Teatro Nacional") foi obrigada a fechar suas portas, e os artistas foram presos. Das 150 obras propostas no período jacobino, 33 foram proibidas pelo governo republicano e 24 tiveram passagens alteradas, incluindo clássicos de Racine e Corneille. Talma esteve ao lado dos "vermelhos", como eram conhecidos os adeptos do "teatro patriótico" que atuavam no Théâtre de la République, ao passo que atrizes como *mademoiselle* Raucourt estiveram ao lado dos "negros" da Comédie-Française, como eram conhecidos aqueles que rejeitavam o teatro jacobino.

Foi nessa conjuntura que Lacombe foi novamente presa enquanto tentava fugir de Paris para retomar a carreira de atriz em Dunquerque. Na prisão, assinava seus textos como "Lacombe, mulher livre" (*Lacombe, Femme Libre*). Após a queda dos jacobinos, em 1795, ela acabou libertada e juntou-se a um grupo de artistas de Nantes. Por três anos, continuou a corresponder-se com seus colegas parisienses até que, em 1798, estava de volta a Paris. Não se sabe ao certo o que houve depois desse retorno, mas há um registro de seu nome no Hospital Salpêtrière, em 1821, onde é descrita como "louca".

## MIRAGENS E HORIZONTES DA REVOLUÇÃO

A partir da história de Claire Lacombe, podemos levantar a seguinte questão: para as mulheres, a Revolução Francesa foi horizonte ou miragem? No livro *Virtuosas e perigosas: as mulheres na Revolução Francesa*, a historiadora Tânia Machado Morin apresentou o que seria, entre as historiadoras da Revolução Francesa, o debate das teorias "da abertura" e "do fechamento". Vejamos em linhas gerais como o debate se desenrolou.

Um grupo de historiadoras (Joan Landes, por exemplo) sustentou que, no Antigo Regime, as mulheres tinham voz nos salões, espaços onde se desenvolviam profícuos debates filosóficos. Enquanto isso, filósofos como Rousseau e Diderot enfatizavam o papel exclusivo das mulheres de parir bons filhos para a República. "Toda a educação das mulheres tem que ser relativa aos homens", disse o primeiro em seu livro *Emílio*. Assim, as mulheres, aliadas importantes dos revolucionários até 1792, acabaram excluídas após o fechamento da Sociedade das Republicanas Revolucionárias. Sua situação de exclusão da participação política seria agravada com a ascensão de Napoleão Bonaparte. Para as mulheres, portanto, segundo essas historiadoras, a Revolução foi contrarrevolução, ou seja, uma derrota histórica dos direitos das mulheres e uma afirmação da supremacia masculina.

Contudo, se é inegável que muitos revolucionários viram o ativismo feminismo como "corruptor da ordem púbica", é também verdade que nem todos os revolucionários endossavam o argumento de Rousseau. O girondino Condorcet argumentava, no sentido inverso de Rousseau, que as mulheres estariam ainda mais aptas para educar os filhos se fossem cidadãs e pudessem participar das decisões políticas. (Sua esposa, Sophie de Grouchy, a madame Condorcet, era filósofa e tradutora dos trabalhos de Adam Smith na França.)

Foram muitas as mulheres que, ao participar do processo revolucionário, não enxergavam oposição fundamental entre a Revolução e as suas causas, mas consideravam a possibilidade de um aprofundamento do processo revolucionário que incluiria as mulheres – além de Lacombe e Léon, Olympe de Gouges e Mary Wollstonecraft estão entre os nomes mais conhecidos desse grupo.

De fato, no período revolucionário, a França chegou a ter 60 clubes femininos, o que indica um número significativo de mulheres imaginando um mundo novo em seus próprios termos. Durante a Revolução, as cidadãs chegaram a ser protagonistas em momentos como as Jornadas Revolucionárias de outubro, que redundaram na transferência de Luís XVI para Paris. Em 1791, as militantes obtiveram a aprovação da Lei do Divórcio e do fim do privilégio masculino na herança. Escandalizado diante dessas conquistas femininas, o pensador contrarrevolucionário Louis de Bonald escreveu que o divórcio criaria uma "verdadeira democracia doméstica", que permitiria à esposa "se rebelar contra a autoridade do marido".

É também inegável o crescimento da importância feminina nas artes durante a Revolução Francesa. Na Sociedade Republicana das Artes, fundada por Jacques-Louis David em 1793, havia de início 24 mulheres pintoras, 2 escultoras e 4 gravuristas. Segundo a historiadora Carla Hesse, na literatura, o número de autoras na França, 206 entre 1754 e 1788, aumentou para 330 apenas entre 1789 e 1799. Segundo a pesquisadora Jacqueline Letzter, 7 óperas foram escritas por 3 autoras entre 1720 e 1770 contra 54 escritas por 23 criadoras entre 1770 e 1820, algumas delas de grande sucesso, como *Catherine ou la Belle fermière*, de J. Candeille (1792), e *Sapho*, de Constance de Salm (1794).

Carta de baralho "Dama de paus ou a liberdade de casamento"
(Jaume e Dugourc, Museu da Revolução Francesa, Vizille).
Jogos com temas revolucionários, destruição ou reconstrução
de monumentos, mudança de nomes de ruas e um novo calendário
são exemplos do emprego de distintas linguagens
para a formação de novos consensos.

É a partir de constatações como essas que podemos entender os argumentos de outro conjunto de historiadoras, como Dominique Godineau e Lynn Hunt, de que é um erro avaliar a Revolução Francesa apenas pelos seus resultados legais imediatos. Sem negar os "fechamentos" que a Revolução Francesa impôs às mulheres, elas endossam a fertilidade das "aberturas" do processo revolucionário: no decorrer dos acontecimentos, foram criados protagonismos e espaços de possibilidades inéditos para as mulheres, que ainda deixariam marcas importantes nos séculos seguintes.

Não à toa, durante o auge do movimento sufragista, muitas intelectuais passaram a estudar o papel das mulheres na Revolução Francesa (caso do livro de Winifred Stephens, *As mulheres da Revolução Francesa,* publicado no início do século XX) em busca de inspiração.

As historiadoras dessa segunda corrente, portanto, recusam-se a pensar a Revolução Francesa como um processo regido por um princípio único e atentam para a multiplicidade de experiências e expectativas, muitas das quais jamais foram satisfeitas e ainda subsistem como possibilidades.

As categorias de "homem" e "mulher", além do mais, não devem ser entendidas como mônadas impermeáveis às outras cisões que atravessam a vida social: na Revolução Francesa, houve mulheres revolucionárias, contrarrevolucionárias, aristocratas, burguesas e populares, à esquerda e à direita. Entre as próprias revolucionárias que demandavam direitos paras as mulheres, temos Claire Lacombe, que foi uma *sans-culotte*; Olympe de Gouges, que defendeu Luís XVI e Maria Antonieta; Mary Wollstonecraft, que chamou as mulheres do povo de "mulheres de sarjeta"; e Madame de Stäel, que, embora tivesse influência determinante sobre os acontecimentos revolucionários, não reclamou o voto feminino.

Não há dúvidas de que os dois campos desse debate historiográfico (cada um deles, claro, com seus próprios dissensos e peculiaridades) têm sua parcela de razão. Argumento, contudo, que o debate sobre "fechamentos" e "aberturas" pode ajudar não só a pensar o problema das mulheres e a Revolução, mas também a discutir toda a natureza do processo revolucionário francês. É o que faremos a partir de agora.

## OS LEGADOS DA REVOLUÇÃO

Qual a natureza da Revolução Francesa? O escritor russo Léon Tolstoi, no primeiro capítulo de seu *Guerra e paz* (1865-1869), diz por meio do personagem Pierre Bezukhov: "A Revolução foi um grande acontecimento!" Então, uma voz intervém em retaliação: "Roubo, assassinato e regicídio". "Esses foram extremos, sem dúvidas, mas o que é importante são os direitos do homem, a emancipação dos preconceitos, a igualdade e a cidadania", é dito em resposta. Em grande medida, as discussões sobre a natureza do processo revolucionário podem ser entendidas como uma perpetuação desse diálogo.

Comecemos com um dos aspectos mais conhecidos da Revolução Francesa, o fim dos privilégios. Em 1789 e em 1793 foram abolidos diversos privilégios fiscais e judiciários. Em 1791, desapareceram os monopólios das corporações na França, consagrando o livre comércio e as liberdades individuais. Nos anos finais do processo revolucionário, uma sofisticada legislação consagrou o direito à propriedade privada. O Código Civil Napoleônico, que bem cumpriu esse propósito, é hoje a base do direito civil em diversos países do mundo. Assim, o fim dos privilégios, junto à abolição da servidão, à expropriação das propriedades monásticas e à abolição das tarifas internas, teria aberto caminho para uma nova sociedade, a sociedade de classes, em oposição à sociedade de ordens. Ao estabelecer as bases político-jurídicas do mundo capitalista e liberal, a Revolução Francesa seria então, na visão de vários intérpretes, uma "revolução burguesa", espécie de contrapartida política dos efeitos econômicos da Revolução Industrial.

Não há dúvidas de que essas mudanças foram importantes para o mundo capitalista contemporâneo, e tal visão, contudo, merece observações. A Revolução Francesa, evidentemente, não favoreceu o capitalismo industrial em termos imediatos: em 1799, os setores comerciais e manufatureiros estavam mais empobrecidos que em 1789, a legislação sobre o comércio internacional era mais restritiva que no Antigo Regime; no campo, a pequena propriedade camponesa estava mais arraigada que nunca (o número de proprietários no campo aumentou de 4 para 7 milhões ao longo da Revolução). Nos anos imediatamente posteriores a 1799, ocorreu o enriquecimento da burguesia que era ligada à especulação e à indústria de armas. Além disso, hoje os historiadores têm mostrado que as corporações de ofício, mesmo com todas as suas restrições e regulamentações, poderiam se acomodar bem às modalidades capitalistas de produção, caso exemplificado pela manufatura de Lyon. Em outras palavras, a relação entre liberdade econômica e desenvolvimento capitalista não pode ser tomada como causalidade inequívoca. Por fim, como o historiador John Pocock demonstrou em *O momento maquiaveliano*, uma boa fatia das lideranças e pensadores do período eram críticos da chamada "sociedade comercial", o que torna complicado dizer que todos os líderes "burgueses" da Revolução eram também "capitalistas".

É preciso compreender que, dentro da Revolução estavam contidas muitas possibilidades. Na Revolução foram criados, por exemplo, comitês de combate à miséria e leis pelo imposto progressivo (isto é, proporcionais à renda). Entre os revolucionários havia até os que defendiam o fim da propriedade privada, como os membros do movimento liderado por "Graco" Babeuf. Os jacobinos defenderam a instrução pública, gratuita e universal e a modernização dos hospitais, que passaram a ter leitos individuais. Nesse sentido, a Revolução solidificou a noção de que o combate contra a miséria seria responsabilidade dos poderes públicos, e não da caridade, e pode ser vista como uma "revolução social", com muitos elementos que subsistem ainda hoje como referências de uma ideia de igualdade, tais quais "Ícaro jamais alcançado, mas sempre perseguido", nas palavras do historiador Albert Soboul.

Podemos enfatizar ainda outros legados revolucionários. Por exemplo, a Revolução Francesa lançou as bases da meritocracia para a ascensão de duas categorias, o funcionário e o militar, encerrando os privilégios da nobreza no acesso aos altos postos militares ou burocráticos. A ideia de "carreiras abertas ao talento", como demonstrou o historiador Alfred Cobban, era uma das principais demandas das lideranças revolucionárias. Ao povoar a nação com uma quantidade jamais vista de funcionários públicos, a Revolução Francesa poderia ser entendida como uma "revolução estatal ou estatista", que uniformizou as nossas práticas jurídico-políticas e promoveu o surgimento do militarismo moderno.

Para o intelectual Alexis de Tocqueville, a Revolução Francesa foi a culminância e agudização de um longuíssimo processo de centralização política, com o fortalecimento do Estado e a uniformização de pesos, medidas e procedimentos jurídicos.

Outros, desde o pensador Edmund Burke até historiadores como Thomas Carlyle, pintaram a Revolução Francesa como um momento de desordem e violência, visão bastante difundida na mídia e em meio ao grande público, cuja compreensão dos acontecimentos, infelizmente, costuma reduzir-se ao binômio terror-guilhotina. Foi durante a Revolução que o clérigo Grégoire cunhou um novo termo, "vandalismo", para referir-se à constante destruição de monumentos (em referência aos "vândalos", povo de origem germânica que atacou o Império Romano). Entre 1793 e 1794, foram pronunciadas 17 mil condenações à morte. Mais 150 mil pessoas morreram em conflitos no interior do território francês. E, se considerarmos as guerras em que a França se envolveu desde 1792 até a queda de Napoleão, em 1815, as estimativas alcançam a casa dos milhões.

AS HERANÇAS DA REVOLUÇÃO FRANCESA 21

É preciso pontuar, contudo, que os inimigos da França estavam longe de ser baluartes da paz e da justiça social. Basta lembrar, por exemplo, o massacre dos russos contra os poloneses, em 1794, ou os massacres britânicos contra os irlandeses, em 1798, o qual deixou mais mortos que a guilhotina na França no "terror" de 1793-1794.

Mas o debate sobre o caráter da Revolução Francesa não se encerra por aí. A Revolução na França pode ainda ser interpretada como uma "revolução na soberania" em razão das leis que expressavam a vontade geral dos cidadãos. "Cidadão", que no Dicionário da Academia de 1786 era definido prosaicamente como um "habitante de uma cidade", passou a designar alguém livre e que goza de seus direitos políticos, em oposição ao "súdito". De fato, "transformar súditos em cidadãos" era uma das máximas revolucionárias.

Além disso, no bojo dos acontecimentos, a França afirmou-se como uma nação, unida pelos seus propósitos revolucionários, e o nacionalismo forjado então foi uma das principais heranças do período. Ao dispensar a monarquia e os privilégios, a Revolução esfacelou os acordos dinásticos e redesenhou o mapa mundial. Durante as Guerras Revolucionárias, a França enfrentou as quatro Coroas mais poderosas do continente: Áustria, Prússia, Rússia e Inglaterra. As Guerras Napoleônicas provocaram o fim do Sacro Império Romano Germânico, uma ampla disputa imperial com a Inglaterra e favoreceram movimentos de independência na América Latina. Nesse aspecto, a Revolução subverteu permanentemente a diplomacia tradicional e foi também uma "revolução nas relações internacionais".

A Revolução Francesa tem ainda um caráter universal reconhecido até hoje, visto que os direitos humanos propostos por ela em tese diziam respeito a *todos* os homens (ampliando a ideia do *Bill of Rights* dos ingleses de 1689, que consagrou os direitos dos homens da Inglaterra). Assim, por exemplo, quando, em 1948, a Organização das Nações Unidas adotou a sua Declaração Universal dos Direitos Humanos, 14 dos seus 30 artigos fizeram referência direta à Declaração dos Direitos do Homem e do Cidadão de 1789. Dois artigos ainda foram retirados da Declaração de Direitos de 1793 e um da Declaração de 1795.

No entanto, a noção de direitos humanos promovida na Revolução Francesa também recebe críticas. Críticos de direita afirmam que os propósitos universalistas da Revolução solaparam as tradições e as particularidades locais. Críticos de esquerda denunciam a falsa universalidade dos direitos humanos efetivamente estabelecidos na França, os quais, segundo eles, teriam sido mais limitados do que prometeram, favorecendo um regime de homens burgueses europeus sob uma máscara de interesses globais.

A França, não se pode perder de vista, não era meramente um reino, mas um império cuja marca fundamental era a escravidão. O pensador da Martinica Aimé Césaire via a questão colonial como o próprio cerne da Revolução Francesa, dado que seria a chave para a compreensão das reais fronteiras da suposta universalidade proposta pelos revolucionários. Para o historiador Jean Jaurès, é na relação da França com suas colônias que são descobertos os limites e contradições da Revolução Francesa.

De fato, no século XVIII, não é possível falar de Império Francês sem referir-se à escravidão: com exceção das colônias de Saint-Pierre e Miquelon e de pequenos territórios na Índia, a escravidão estava presente em todo o Império, somando algo em torno de 700 mil pessoas escravizadas. No Oceano Índico, a França detinha a Ilha da França (atual Ilhas Maurício), Ilha Bourbon (atual Reunião) e um entreposto em Madagascar. Outros entrepostos estavam presentes no Senegal, Saint-Louis e Gorée, além da Louisiana e, na América do Sul, a Guiana. Sem dúvidas, o centro do Império Francês estava na região escravista das Antilhas: Guadalupe, Martinica, Sainte-Lucie, Tobago e São Domingos (Haiti). Lembrando ainda que esses domínios imperiais estiveram em disputa com os ingleses durante o período da Revolução.

A Revolução Francesa teve um profundo impacto nas colônias no sentido de estimular, com suas ideias de igualdade, processos de independência. Estiveram na França revolucionária, observando o desenrolar dos acontecimentos e acompanhando os debates políticos de então, o herói da independência venezuelana Francisco Miranda e os brasileiros padre Arruda Câmara, José Bonifácio e Caetano Lopes de Moura, um médico baiano negro, filho de carpinteiro, que se tornaria soldado napoleônico, chegando a escrever uma biografia do imperador francês. Na própria França, desde 1789, a Revolução contava com clubes como a Sociedade dos Amigos dos Negros, que defendia a abolição imediata do tráfico e a abolição gradual e pacífica (isto é, sem o protagonismo revolucionário das populações das colônias) da escravidão. Em 1794, os jacobinos aboliram a escravidão sem oferecer qualquer indenização aos senhores brancos. A notícia da abolição da escravidão nos territórios franceses provocou, no Pará, uma fuga de escravizados do Brasil para a Guiana por meio do rio Oiapoque.

AS HERANÇAS DA REVOLUÇÃO FRANCESA 23

Contudo, embora as ideias e os eventos franceses tenham impactado os movimentos revolucionários nas colônias, vários destes antecederam a Revolução Francesa – na Jamaica, no Peru ou no Haiti, as mobilizações não foram unicamente um "reflexo" dos acontecimentos franceses. Como veremos, o Haiti aboliu a escravidão de fato antes da abolição legal na França, em 1794.

Após o início da guerra entre a França e a Europa, a Sociedade dos Amigos dos Negros recuou e passou a tratar o tema da abolição com mais cautela para "não prejudicar a França", sinalizando que promover os direitos humanos era, para muitos, uma questão menor diante do interesse nacional. Jean-Paul Marat, que era abolicionista, defendera em maio de 1791, em seu jornal *Amigo do Povo*, a indenização dos senhores brancos, medida que ele não havia defendido para o fim dos privilégios da nobreza, por exemplo. Robespierre, embora se proclamasse um abolicionista, silenciou em mais de um momento sobre a questão em nome do "bem nacional", como mostrou o historiador Yves Benot. Outro jacobino, Camille Desmoulins, acusava os girondinos de desestabilizarem a França ao defenderem a abolição do tráfico. Em síntese, longe de ser uma decorrência da Declaração de Direitos do Homem e do Cidadão, a abolição da escravidão em 1794 foi fruto de um processo mais complexo, que contou com o protagonismo das populações coloniais. O historiador Laurent Dubois lembra como, ao final da Revolução, uma divisão racial de base jurídica ("branco, mulato e negro") foi adotada em Guadalupe, em 1796. Por fim, poucos anos depois da abolição de 1794, Napoleão Bonaparte restaurou a escravidão nas colônias. No Haiti, esse fato catalisaria a independência em 1804.

A fim de enfraquecer os britânicos, o mesmo Napoleão invadiu o Egito em 1798, enquanto os jornais franceses apelavam para uma difusão das luzes europeias contra o "fanatismo" do Islã. Também para enfraquecer a Inglaterra, os franceses enviaram tropas para a Índia, em auxílio do sultão Tippoo. Nesse sentido, a Revolução Francesa foi também uma "revolução imperial", pois contribuiu para a reconfiguração dos impérios, e uma "revolução imperialista", no meio da qual emergiram projetos abertamente racistas de domínio francês sobre o norte da África. O historiador Christopher Bayly pontua que, no espaço afro-asiático, a Revolução Francesa em muitos momentos foi vista como "uma cruzada cristã", e as conquistas imperiais despertaram movimentos contrarrevolucionários que se traduziram em reações milenaristas ou autoritárias, caso da Ilha de Java, onde as disputas decorrentes da Revolução Francesa

## O CAOS REVOLUCIONÁRIO

Revolução burguesa, universalista, estatista, imperial ou militarista... ao isolarmos uma ou outra das realizações da Revolução Francesa, poderíamos sustentar as mais contraditórias posições sobre a natureza desse evento histórico. Mas, felizmente, a história não é um laboratório de Química no qual podemos isolar um ou outro elemento para experimentar combinações distintas. A ampliação de nossa compreensão sobre a Revolução Francesa passa menos por uma tentativa de "unificar" suas ambiguidades que por entender que todo processo histórico minimamente complexo carrega uma pluralidade de códigos e linguagens políticas, que inevitavelmente convivem de forma contraditória. Essas próprias contradições, afinal, alimentam as dinâmicas das transformações históricas.

Em resumo, parece inegável que, como afirmam os marxistas, a Revolução Francesa, ao desarticular sociedade de ordens, contribuiu para a construção da sociedade capitalista e liberal, na qual os direitos humanos foram concebidos, nos termos de Marx, como os direitos individualistas "do homem separado do homem e da comunidade". Penso que os liberais também têm razão quando afirmam que a Revolução Francesa contribuiu para o fortalecimento da ideia de igualdade, do serviço público e do Estado. Também creio que os conservadores não se enganam quando dizem que a Revolução ajudou a construir um mundo que privilegia os "princípios" em detrimento da vida concreta; pessoas que "amam a humanidade, mas odeiam seus semelhantes", na formulação de Edmund Burke.

Ainda que tácito, me parece existir um consenso entre os estudiosos da Revolução: ela foi um caos. Contudo, que não se entenda caos como desordem, mas no sentido que a mitologia grega atribuiu à palavra: um caos criador e criativo, que reformulou a linguagem política e deu o tom, com fortes doses de ineditismo, ao debate político contemporâneo.

A Revolução Francesa efetivamente contribuiu para a politização (ou, se preferirmos, para a consciência de politização) de diversas esferas da vida humana, como o matrimônio (a partir das efervescentes discussões sobre o divórcio), a moda (os brincos em formato de guilhotina e os colares que simulavam uma cabeça decepada foram apenas os exemplos mais bizarros), os calendários (com a alteração dos nomes de dias, para simbolizar o início de uma nova era), os nomes de ruas e os monumentos (derrubados e reconstruídos várias vezes durante a Revolução).

A Revolução teve um importante papel na difusão das palavras "esquerda" e "direita" que dizem respeito a constelações de filiações político-valorativas e despertam paixões até hoje. Com a Revolução Francesa, a *política* passou a ser vista como um instrumento para reestruturar a natureza humana, mudar o caráter das pessoas, transformar súditos em cidadãos e converter os escravizados em homens livres (alguns autores recorrem ao termo "hiperpolítica" para referir-se aos momentos em que a revolução tentou redefinir até mesmo os calendários).

Durante a Revolução, de acordo o pesquisador Ferdinand Brunot, foram utilizados 206 nomes diferentes designando vertentes políticas. Na Revolução e nas décadas posteriores, muitas palavras foram utilizadas pela primeira vez ou ganharam seu significado moderno. O historiador Eric Hobsbawm destaca os casos de "classe trabalhadora", "internacional", "aristocracia", "liberalismo", "conservadorismo", "nacionalidade", "proletariado" e "ideologia".

Não estou sugerindo que esses termos são "criadores do real", mas que o advento e a propagação de palavras e conceitos representam simultaneamente uma resposta às novas experiências e um ato de produção de possibilidades de ação e de pensamento. Com isso, a Revolução Francesa foi (e continua sendo) repertório inescapável para a construção de alternativas no campo político e social.

Em 1989, durante o bicentenário da Revolução Francesa, a família real inglesa recusou-se a celebrar o que chamou de "revolução regicida". Enquanto o então presidente da França, François Mitterrand, celebrava os "Direitos do Homem", a primeira-ministra da Inglaterra, Margaret Thatcher, declarou que os direitos humanos tinham sido uma invenção inglesa. Ela ainda deu a Mitterrand uma cópia de *Um conto de duas cidades*, de Charles Dickens, texto que, como a *História da Revolução Francesa* de Thomas Carlyle, pintava a Revolução Francesa com tonalidades violentas. Nessa mesma época, um historiador inglês radicado nos Estados Unidos, Simon Schama, publicou o livro *Cidadãos,* no mesmo espírito de Carlyle e Dickens. Seu colega norte-americano James Leith argumentou que a Revolução pouco se diferenciava do nazismo, do fascismo e do stalinismo. Mitterrand, com sua conhecida sagacidade, respondeu: "me alegra que a Revolução ainda seja temida".

# A Revolução foi apenas francesa? A Era das Revoluções de 1760 a 1789

## PAINE E MARX

O revolucionário britânico Thomas Paine (1737-1809) certa vez disse não saber se ele havia sido "feito para seu tempo" ou se seu tempo havia sido "feito para ele". E não era por menos: operário do ramo de espartilhos na cidade de Thetford, Paine, aos 36 anos de idade, engajou-se na Independência dos Estados Unidos com seu texto *Common Sense* (*Senso Comum*), de 1776. E ninguém menos que George Washington afirmou que o texto operara uma "mudança extraordinária nas consciências americanas".

Anos depois, Paine lutaria na Revolução Francesa e chegou a ser eleito deputado durante o período revolucionário. Na França, entre 1791 e 1792, publicou *Os Direitos do*

*Homem,* uma defesa da Revolução contra o texto conservador de Edmund Burke, *Reflexões sobre a Revolução na França*. O texto de Paine tornou-se, na Inglaterra, na Escócia e na Irlanda, a principal fonte intelectual da oposição ao *establishment* britânico. *"God save the Rights of Man!"* – cantaram os revolucionários irlandeses.

Paine, contudo, acabou caindo em desgraça em todos os cantos: por suas críticas à Coroa, foi impedido de pisar no solo britânico; por suas críticas à Bíblia, caiu em ostracismo na América do Norte; por suas críticas à centralização, foi condenado à morte pelo governo jacobino e, só por mera desatenção do carcereiro, conseguiu escapar do cadafalso. Aliás, a condenação imposta pelo governo inglês jamais foi revogada, de onde se explica seus ossos terem se perdido quando William Cobbett, em 1819, tentou repatriá-los.

A mesma Inglaterra que não perdoou Thomas Paine permitiu que Marx (1818-1883) e Engels (1820-1885) ali pudessem elaborar suas críticas ao capitalismo. Ao morrer, Marx recebeu sepultura e lápide em Londres, ao passo que Paine só foi ganhar uma estátua em Thetford em 1986. Contudo, se considerarmos os sentidos usualmente atribuídos à palavra "radical", em nenhum deles Paine é mais radical que Marx. Paine, apesar de defender o voto universal e uma espécie de "renda mínima", jamais pôs em xeque o livre comércio, a propriedade privada e a existência da burguesia e do Estado. A ideia de revolução em Paine era perfeitamente conciliável com uma ordem liberal, ainda que em uma versão, por assim dizer, social e democrática.

Qual o motivo, então, dessa diferença de tratamento? A resposta não está propriamente no conteúdo filosófico desses autores, mas naquilo que eles eram capazes de fazer em cada período histórico. Marx mudou-se para Londres em 1849, um período de reação e repressão ferrenhas que se seguiram à Primavera dos Povos de 1848. Paine, em contrapartida, vivia em um período no qual movimentações com forte participação popular ameaçavam de fato as Coroas, os privilégios, a colonização e a escravidão em todo o Atlântico Norte.

Em resumo, parece que a oposição aos privilégios em 1792 soava mais imediatamente ameaçadora às elites aristocráticas inglesas do que o comunismo para as elites burguesas em 1867 (isso já não seria tão verdadeiro pouco depois, em 1871, quando ocorreu a Comuna de Paris). Assim, não há como compreender a Revolução Francesa sem antes entender o seu próprio tempo – que Paine e também o revolucionário francês Antoine Barnave (1761-1793) chamaram, já no século XVIII, de "Era das Revoluções".

## A ITÁLIA E O CARIBE

Alguns historiadores datam o início da Era das Revoluções em 1776, referindo-se à independência dos Estados Unidos. Nós aqui, contudo, recuaremos à década de 1760, lembrando o que ocorreu na ilha da Córsega. O motivo dessa escolha está bem registrado no mapa dos Estados Unidos: a existência de três Paoli City (em Colorado, Indiana e Pensilvânia) mostra a importância da Revolução Corsa (liderada por Paoli) como modelo para a independência norte-americana. Jean-Jacques Rousseau, que elaborou um projeto constitucional para a ilha, chegou a escrever: "tenho o pressentimento que, um dia, esta pequena ilha espantará a Europa".

A Córsega mantinha antigos laços comerciais, culturais e políticos com a Itália. Gênova dominava a ilha em aliança com uma série de famílias locais. Os movimentos na Córsega contra a dominação genovesa foram associados à figura do carismático Pasquale Paoli (1725-1807), que ficaria conhecido como o "*babbu di a Patria*" (o pai da pátria). Leitor de Montesquieu, Rousseau e Genovesi, Paoli atendeu ao chamado de seu irmão Clemente, em 1755, e abandonou seu posto militar na ilha de Elba para juntar-se ao levante contra os genoveses na Córsega, ao lado de nomes como Carlo e Letizia Buonaparte, pais de Napoleão Buonaparte (o qual, mais velho, retirou o "u" de seu nome para ocultar sua origem corsa). Paoli evocava princípios republicanos como o direito à autodeterminação e a soberania popular.

Enquanto o levante ocorria, em Versalhes as elites genovesas venderam a Córsega à França como forma de pagar suas dívidas. Em julho de 1765, um contingente militar francês desembarcou na ilha e as formas de administração francesas foram introduzidas na região. Derrotado, Paoli partiu para o exílio em Londres. Por sua vez, Carlo Buonaparte fez um acordo com os franceses e obteve para sua família uma posição na pequena nobreza. Seus filhos, Joseph e Napoleão, foram enviados para a França.

Trinta anos depois da Revolução Corsa, no primeiro ano da Revolução Francesa, a Assembleia tornou a ilha parte do reino, com os mesmos direitos que as outras localidades francesas. Em 1790, Paoli foi recebido em Paris e afirmou que as duas nações, França e Córsega, irmanadas pela Revolução, não precisavam mais ser independentes.

As Revoluções na Córsega e na França foram processos históricos entrelaçados. Podemos dizer o mesmo sobre a que ocorreu na colônia francesa do Haiti. A ilha, então chamada São Domingos, era considerada a "pérola do Caribe", por ser responsável pela produção de metade do café e do açúcar do mundo, ocupar dois terços do comércio exterior francês e compor o principal mercado individual do tráfico de pessoas escravizadas. Na França, o comércio colonial era responsável pela prosperidade de cidades como Nantes, Marselha e Bordeaux, a última na província da Gironda, de onde surgiriam muitas lideranças da Revolução.

De 1787 em diante, cerca de 40 mil escravizados desembarcavam no Haiti por ano, o que significa que, na última década do século XVIII, dois terços dos cerca de 500 mil escravizados do Haiti nasceram no continente africano ou em outras ilhas do Caribe. Desde o reinado de Luís XIV, a Coroa francesa financiava o tráfico de seres humanos por meio de uma série de subsídios e garantias, que só seriam abolidas em 1794. Em 1789, o financiamento estava na casa de 2 milhões de libras por ano.

Barbé-Marbois calculou, em 1789, a população da ilha: 509.642 escravizados, 26.666 mulatos e 35.440 brancos. Devido ao crescimento econômico, o grupo intermediário dos "mulatos" ou "homens de cor" (termos da época) livres era proporcionalmente muito mais numeroso no Haiti (44% da população livre) do que na Martinica (33%), Guadalupe (18%) e Guiana (27%). Esse grupo teria papel fundamental na Revolução Haitiana, muitas vezes defendendo seus interesses de forma autônoma – ou até em oposição – em relação aos escravizados.

Há registros de resistência na ilha desde antes do período revolucionário. Por exemplo, a revolta comandada pelo sacerdote vodu Mackandal, que acabaria preso e incinerado em 1645. Em 1776, durante o movimento de independência dos Estados Unidos, um batalhão de voluntários do Haiti integrou, na cidade de Savannah, na Geórgia, tropas francesas que auxiliaram os norte-americanos. Futuros líderes revolucionários haitianos, como Henri Christophe e André Rigaud, participaram das batalhas. Na Martinica, em 1789, oficiais franceses receberam uma carta anônima assinada por "nós, os negros", declarando: "nós sabemos que somos livres e morreremos pela liberdade". Em setembro do ano seguinte, a ilha conheceria uma revolta de escravizados seguida por uma guerra civil.

No início da Revolução Francesa, em 1789, as colônias da França estavam excluídas dos direitos do homem e do cidadão, e o Clube Massiac, organizado pelos colonos do Haiti, defendia os interesses dos escravocratas. Em contrapartida, o escritor haitiano Julien Raimond, desde outubro de 1789, reivindicava direitos políticos para os mulatos. Estes finalmente conseguiram ser reconhecidos como cidadãos em 1792, mas a escravidão permaneceu no Império Francês.

O revolucionário francês Antoine Barnave, na Comissão Colonial da Revolução, afirmava que a escravidão é um "regime bárbaro, mas um barbarismo ainda maior resultará se interferirmos nele sem o necessário conhecimento". Nem todos concordavam com ele. Robespierre, por exemplo, afirmou: "vós defendeis sem cessar os Direitos do Homem, mas acreditais neles tão pouco que santificastes a escravidão constitucionalmente". O debate esquentava.

Oficialmente, a Revolução Haitiana teve início em 1791, quando, no bosque Caiman, um sacerdote oriundo da Jamaica, Boukman, convocou os homens a uma rebelião contra a dominação francesa. Em 1791, 200 engenhos (de um total de 793) e 1,2 mil plantações de café (de 3.120) foram queimados. Muitos colonos fugiram para Cuba e para os EUA. O incêndio no Cabo francês, em 20 de julho de 1793, marcou o dia mais sangrento da revolta, deixando algo como 20 mil mortos (número superior, por exemplo, aos 17 mil condenados à morte em todos os meses do período chamado de "terror"). Nesse momento, a liderança mais destacada era a do ex-escravizado Toussaint Louverture.

Os líderes da rebelião se inspiravam em filósofos iluministas (especialmente os membros do "iluminismo católico"), como o abade Grégoire (1750-1831) e o abade Raynal (1713-1796), que anunciava o surgimento de um Espártaco negro no Caribe, logo identificado com a figura de Toussaint. Além das raízes iluministas, o movimento revolucionário haitiano era fortemente ligado a tradições oriundas do golfo do Benim, em especial o vodu, o que nos lembra das inspirações plurais da época revolucionária.

Os acontecimentos caribenhos foram determinantes para colocar em relevo a questão da escravidão na Revolução Francesa. Duzentos e trinta e dois navios (43% do total) de comércio de seres humanos saíram de Nantes em 1792, ano do auge do tráfico e terceiro da Revolução Francesa. O lucro anual estimado da França com o tráfico era de 80 milhões de libras. Em 1793, com o desenvolvimento da Revolução do Haiti, menos de 70 navios saíram de seus portos. Os prejuízos no mesmo ano são estimados em 96 milhões de libras.

Diante das insurreições, em outubro de 1793, os emissários franceses Léger-Félicité Sonthonax e Étienne Polverel decretaram o fim da escravidão na ilha. Em janeiro de 1794, após a morte do rei e a ascensão dos jacobinos, foram admitidos como deputados na Revolução Francesa três homens de São Domingos: Belley, negro, ex-escravizado e oriundo do Senegal, Mills, um mulato, e Dufay, um branco. No mês seguinte, a República francesa proclamou abolição da escravidão *em todas as colônias*, algo que, na prática, já havia ocorrido no Haiti. A aplicação da lei, contudo, foi bastante incompleta e desigual. Por exemplo, na Martinica, ocupada pelos ingleses em 1794, o decreto não teve efetividade nesse momento.

Em 1799, contudo, Napoleão Bonaparte assumiu o poder na França e restaurou a escravidão nas colônias. Toussaint acabou preso, Jean-Jacques Dessalines (1758-1806) passou então a liderar os revolucionários que acabariam derrotando os franceses e conquistando a independência da ilha, em 1804.

A nova Constituição do Haiti consolidava a abolição da escravidão. Não obstante, diversos conflitos se sucederam, e a França só reconheceria a independência do Haiti na década de 1830, mediante polpuda indenização (a França só aboliu definitivamente a escravidão em suas colônias em 1848).

De todo modo, o Haiti foi o primeiro Estado nacional no mundo oriundo de uma insurreição de escravizados. Com a Revolução Haitiana, teria início o que os historiadores chamam de "o século das abolições", que terminaria apenas em 1888, com a abolição da escravidão no Brasil.

## ILUMINISMO E REVOLUÇÃO

Além das revoluções ocorridas no século XVII, existe uma relação entre iluminismo e Revolução Francesa. Tradicionalmente, o período entre a Revolução "Gloriosa" Inglesa (1688-1689) e o início da Revolução Francesa (1789) é abarcado por termos como "Iluminismo", "Século das Luzes" ou "Ilustração".

O historiador Robert Darnton descreveu o iluminismo como "um movimento, uma causa, uma campanha para mudar mentes e transformar instituições". Muitos filósofos associados à ilustração costumavam ver a si próprios como parte de uma "República das Letras": eram pessoas que atuavam nas cortes, nos clubes, nos salões, nas lojas maçônicas, nos jornais e nos cafés, levando a cabo sua crítica contra a tirania dos monarcas, a moralidade religiosa moribunda e a hipocrisia dos poderosos. Assim, seja nos 71.818 verbetes da Enciclopédia organizada por Diderot e D'Alembert, seja na proposta de Kant do esclarecimento como o uso "público" da razão, faz parte do iluminismo um entendimento de que os esteios de nossa sociedade não poderiam se limitar aos céus (clero) e aos mecanismos obscuros da hereditariedade (privilegiados).

Não por acaso, o termo "opinião pública" apareceu pela primeira vez em francês na década de 1750, relacionando-se ao lugar da crítica filosófica no espaço público. No século XVIII, a opinião pública passou a ser reconhecida como uma importante instância da sociedade, inclusive pelos monarcas.

Mas é preciso lembrar também que o iluminismo, ao menos de acordo com a periodização tradicional, emergiu após o arrefecimento das guerras de religião no século XVII, de onde se entende as propostas lockianas de que a religião, desde que não atacasse o bem comum, poderia ser vista pelo Estado como uma escolha individual. Foi por isso que o historiador John Pocock compreendeu o iluminismo como "uma família de programas políticos e intelectuais com a intenção compartilhada, mas diversa, de encerrar as guerras de religião".

Sem dúvida, o iluminismo não teve um programa unificado. Atualmente, os historiadores encontram termos como "iluminismos católicos", "iluminismos protestantes", "iluminismos moderados", "iluminismos radicais" e assim por diante. Por exemplo, bem longe de qualquer racionalismo unilateral, autores como Shaftesbury (1671-1713) e Adam Smith (1723-1790) reivindicavam a importância dos sentimentos, da empatia e do bom senso para fundamentar a política e a moralidade. Isso para não falar de movimentos bem distantes do racionalismo newtoniano como aquele de Franz Mesmer, que prometia curas baseadas na harmonização de magnetismos e teve a adesão de muitos revolucionários franceses, como o jacobino Jacques-Louis David e o girondino Jacques Brissot.

Por isso, não podemos esquecer as "ambivalências" das luzes, nos termos do historiador Antoine Lilti. Voltaire, ao mesmo tempo em que lamentava a exploração dos negros do Suriname no seu romance *Cândido ou O otimismo*, não deixou de investir ele próprio no comércio colonial. Na Enciclopédia, enquanto o artigo "Negro", de Samuel Formey, questionava se negros e brancos eram membros da mesma espécie, o artigo sobre o tráfico de escravizados, de

## 34 REVOLUÇÃO FRANCESA

Damilaville, dizia que a escravidão e o tráfico eram uma violação "da religião, da moral, das leis naturais e dos direitos do homem natural".

Se muitos desses autores não consideravam as mulheres como iguais aos homens, lembramos de Gabrielle Émilie (1706-1749), filósofa e tradutora de Newton, que, em seu *Discurso sobre a felicidade* (1746), declarou: "é bem evidente que os homens e as mulheres têm a mesma natureza e a mesma constituição".

Da mesma forma, se boa parcela dos iluministas defendia, com Locke, a propriedade privada, é fato que alguns, como Morelly (1717-1778) e Mably (1709-1785), foram a inspiração das propostas de propriedade comunal durante a Revolução. A palavra "socialista", a propósito, foi utilizada em sentido político pela primeira vez no século XVIII para qualificar aqueles que enxergavam o instinto social do homem na base de todo o direito natural.

A constatação dessas ambivalências nos leva a um ponto importante. É um engano identificar o iluminismo e a Revolução Francesa como se o primeiro fosse "causa" da segunda. Na verdade, uma fatia considerável dos *philosophes* (filósofos) estaria satisfeita com uma monarquia moderada *à inglesa*, isto é, com um regime constitucional que garantisse relativa liberdade e igualdade diante da lei. Assim, não deve nos surpreender que reis "amigos dos filósofos", como Gustavo II da Suécia e a czarina Catarina II da Rússia, tenham sido líderes da oposição contra a Revolução Francesa.

Contudo, se o iluminismo não é "causa" da Revolução Francesa, é inquestionável que, durante as suas manifestações, os agentes políticos *utilizaram* as ideias iluministas de tolerância e igualdade com propósitos revolucionários. Por isso, concordamos com o posicionamento do historiador Roger Chartier, para o qual o iluminismo não foi causa da Revolução Francesa, mas, pelo contrário, a própria Revolução Francesa, ao selecionar, mencionar e dar uma falsa coerência a um conjunto de autores, "inventou" o iluminismo como seu precursor. Exemplo desse problema foi a disputa que se deu, durante a Revolução Francesa, em torno dos nomes de Adam Smith e Rousseau, reivindicados tanto pelos revolucionários quanto pelos contrarrevolucionários.

## REFORMA, CENTRALIZAÇÃO E INDEPENDÊNCIA

O século XVIII foi também um século de reformas bancadas por monarcas que historiadores batizaram de "déspotas esclarecidos". O termo, contudo, é enganoso, pois tais reformas não eram exatamente expressões de um "pensamento iluminista". Embora célebres filósofos, como Diderot e Voltaire, tenham sido conselheiros de reis, há desconfianças sobre o quanto seus "conselhos" eram levados a sério. Os "déspotas esclarecidos" seriam representados principalmente por Frederico II da Prússia, que subiu ao trono em 1740, Catarina II da Rússia, que subiu ao trono em 1760, e José II da Áustria, que subiu ao trono em 1780.

Fizeram parte de suas práticas (que alguns historiadores não hesitam em chamar de "Revolução por cima") a reestruturação da burocracia e da justiça, o enfraquecimento dos corpos intermediários (como conselhos e parlamentos), o aumento dos exércitos, a construção de pontes e barragens, a implementação de relativa tolerância religiosa, o estímulo ao desenvolvimento econômico e as reconfigurações nas universidades, como ocorreu em Halle, Glasgow, Nápoles e Coimbra. Um autor iluminista importante para o impulso reformista, o marquês de Beccaria, propunha a eliminação das torturas: para ele, a segurança da sociedade não seria garantida pela brutalidade das leis, mas pela sua definição precisa e aplicação garantida. Por exemplo, entre 1770 e 1790, Leopoldo, o grão-duque da Toscana, aboliu a pena de morte; e, em 1788, Luís XVI aboliu a tortura judiciária na França.

No contexto dessas reformas, frequentemente acompanhadas pelo aumento de impostos e do controle colonial, eclodiram revoltas no mundo colonial como a de Tupac Amaru, de 1780 a 1783, no Peru. Contudo, quando a Bastilha caiu, em 1789, os franceses imediatamente reconheceram sua dívida para com outro país americano, os Estados Unidos. Como forma de reconhecimento, Thomas Paine foi encarregado de entregar as chaves da antiga prisão, emblema do despotismo, para George Washington.

Mas por que a independência norte-americana foi considerada tão importante pelos revolucionários franceses? Passemos, então, à América do Norte. A Inglaterra, monarquia constitucional desde a Revolução Gloriosa de 1688, possuía 13 colônias na região: no norte, New Hampshire, Massachusetts, Connecticut e Rhode Island; no centro, Nova York, Pensilvânia, Nova Jersey e Delaware; no sul, Maryland, Virgínia, Carolina do Norte, Carolina do Sul e Geórgia. Elas estavam longe de ser as mais lucrativas da Inglaterra: as chamadas "joias da Coroa" eram Jamaica, Antígua, Barbados, Dominica, Granada, Montserrat, Nevis, Saint Kitts, Saint Vincent (São Vicente), Tortola (Ilhas Virgens) e Tobago.

No século XVIII, contudo, essas 13 colônias conheceram grande dinamização e crescimento. Sua população passou de 265 mil para 2,3 milhões de habitantes, um quinto da qual concentrava-se na Virgínia, a mais poderosa e influente delas. Junto a isso, cerca de 500 mil pessoas adentraram na América do Norte entre 1700 e 1776, a maioria condenados, escravizados e brancos pobres fugindo da miséria.

Com outras potências europeias afastadas da América do Norte após a Guerra dos Sete Anos (1756-1763), os britânicos passaram a interferir com maior afinco nos assuntos internos das colônias. Como justificativa para um aumento de impostos, os parlamentares britânicos argumentaram que o norte-americano branco pagava menos impostos que o inglês e proporcionalmente exercia maior participação política do que a população da ilha (na Inglaterra, apenas um a cada seis homens adultos tinha direito ao voto no final do século XVIII). Por sua vez, os norte-americanos, retomando o pensamento republicano florentino do século XVI e inglês do século XVII, começaram a rotular as medidas parlamentares como "tirania". Nos termos do parlamentar irlandês Edmund Burke, em 1769: "os norte-americanos fizeram uma descoberta, ou pensam que fizeram, de que temos a intenção de oprimi-los; nós fizemos uma descoberta, ou pensamos que fizemos, de que eles têm a intenção de levantar uma rebelião contra nós".

Em setembro de 1774, reuniu-se na Filadélfia um Congresso com 55 representantes eleitos de cada uma das 13 colônias (exceto a Geórgia, mas ela logo apoiou o Congresso). O Primeiro Congresso Continental decretou que as colônias estavam em rebeldia, embora mantivessem a lealdade ao rei. Em maio de 1775, reuniu-se o Segundo Congresso Continental, novamente sem conseguir qualquer acordo satisfatório com a Coroa. Enquanto isso, durante esse processo, formou-se um exército rebelde liderado por George Washington. Algo entre 150 e 200 mil pessoas participaram dos combates da que ficaria conhecida como a Guerra da Independência Norte-Americana. Dentro desse grupo, segundo o historiador Gary Nash, lutaram 9 mil pessoas negras.

Thomas Jefferson, um dos líderes, propôs uma Declaração de Independência. Embora Jefferson fosse proprietário de escravizados, dizia ser favorável a uma abolição gradual e, por isso, sua primeira versão do texto condenava o tráfico negreiro. Acabaria sendo rejeitada. Em 4 de julho de 1776, o Segundo Congresso Continental aprovou a versão final da

Declaração de Independência dos Estados Unidos, sem passagens sobre o tráfico negreiro. Seu preâmbulo até hoje é amplamente conhecido: "Nós consideramos estas verdades como evidentes em si mesmas, que todos os homens são criados iguais, que eles são dotados pelo criador com certos direitos inalienáveis, que entre estes direitos estão o direito divino à vida, à liberdade e à procura da felicidade." A um só tempo, afirmavam-se os princípios republicanos, os direitos naturais iluministas e retomava-se a ideia das antigas liberdades inglesas.

Durante a guerra contra a Inglaterra, Benjamin Franklin, outro líder da Revolução Americana, angariou apoio da França e da Espanha, que visavam a recuperar os territórios perdidos na Guerra dos Sete Anos. Na América, os franceses foram liderados por Gilbert du Motier, o marquês de La Fayette, depois protagonista da Revolução Francesa. Por isso, até hoje, em todo aniversário da Independência, no dia 4 de julho, o embaixador norte-americano na França leva flores ao túmulo do marquês de La Fayette, no cemitério de Picpus.

Calcula-se cerca de 25 mil mortos no conflito, 1% da população do território. Após a derrota dos ingleses, os bens dos realistas emigrados foram vendidos e cada um dos 13 (agora) estados formulou sua proposta de texto constitucional, não raro precedida por uma "declaração de direitos". (A Declaração da Virgínia seria um dos modelos para a França em 1789.) Nessa época, teve lugar uma longa discussão sobre o projeto de nação desejável, envolvendo federalistas e antifederalistas. No final, os federalistas venceram e a Constituição dos Estados Unidos foi aprovada, consolidando o modelo de uma república federativa representativa, com um presidente eleito por quatro anos a partir de um colégio eleitoral. Em 1789, George Washington tornou-se presidente.

Embora a Revolução Norte-Americana tenha contado com a participação expressiva de escravizados, negros livres, mulheres e pessoas mais pobres, a escravidão foi mantida e todos esses grupos permaneciam excluídos do voto. Contemporâneos da Revolução, como Joel Barlow (que depois atuaria na Revolução Francesa) e Benjamin Rush observaram que havia grandes chances de o problema da escravidão desembocar em uma guerra civil (como de fato ocorreria no século XIX). "A guerra terminou, mas esse está longe de ser o caso da Revolução Norte-Americana. Pelo contrário, ela nada é além do primeiro ato de um grande drama que acaba de se

38 REVOLUÇÃO FRANCESA

encerrar", disse Rush. "Dê-me um ponto de apoio e eu moverei o mundo, disse Arquimedes. A Revolução Norte-Americana fez na política o que era apenas teoria na mecânica", disse Paine.

De todo modo, após a independência americana, palavras como "pátria", "patriota", "liberdade", "declaração de direitos" entraram na ordem do dia e contagiaram outros ambientes. A Irlanda foi caso exemplar desse "contágio". Durante a Guerra de Independência dos Estados Unidos, o corsário estadunidense John Paul Jones, entendendo que a Irlanda poderia ser a base para uma invasão contra os britânicos, ali desembarcou em 1778. Em resposta, o governo inglês recrutou mais de 80 mil soldados na Irlanda para lutar contra os "insurgentes". O tiro saiu pela culatra: os exércitos formados por irlandeses se voltaram contra os ingleses e o Parlamento irlandês passou a exigir igualdade de representação e liberdade comercial. Em 16 de abril de 1782, com o acirramento dos ânimos, o deputado Grattan declarou a independência da ilha. Para evitar outro revés como o que ocorrera na América, o Parlamento inglês firmou um compromisso: a Irlanda adquiriu o mesmo estatuto que a Escócia dentro dos territórios subordinados à Coroa.

Apesar do acordo, muitos grupos rebeldes irlandeses permaneceram em estado de rebelião durante a Revolução Francesa. Em meio às dissidências presbiterianas de Ulster, foram criados "clubes jacobinos" ligados à sociedade secreta Irlandeses Unidos. A repressão da monarquia britânica contra a Revolta Irlandesa de 1798 redundaria em pelo menos 30 mil mortos em uma população de 4 milhões de pessoas.

Enquanto isso, dentro da própria Inglaterra, um grupo de pensadores iluministas (como Catharine Macaulay, Richard Price, Mary Wollstonecraft e William Godwin) contestavam há décadas o arranjo parlamentar do país, exigindo ampliação do direito ao voto e a redução do poder do rei. Para eles, tratava-se de demolir o mito de que a Inglaterra, desde a Revolução Inglesa do século XVII, era uma monarquia constitucional livre. Nesse contexto, na época da Revolução Francesa, os políticos britânicos ignoraram as próprias divergências para reprimir movimentos populares que seriam vistos pelo historiador E. P. Thompson como parte fundamental da "formação da classe operária inglesa".

O exemplo revolucionário norte-americano foi importante também na pátria de Rousseau, Genebra, que a essa altura já era um centro financeiro importante. A região era controlada por um patriciado que afastava boa parte da população da participação política. Na década de 1780, ganharam terreno os conflitos entre aqueles que pregavam uma maior abertura política (os "nativos") e aqueles que eram contrários a qualquer mudança (os "negativos"). Em abril de 1782, um partido revolucionário, inspirado no exemplo dos norte-americanos, tomou o poder e prendeu vários líderes do patriciado. Em junho de 1782, contudo, uma intervenção externa liderada pela França devolveu o poder aos "negativos". Étienne Clavière, líder "nativo", exilou-se na França, onde se tornaria uma das lideranças girondinas na Revolução Francesa. Na década seguinte, novos conflitos tomariam a Suíça até que Napoleão Bonaparte, em 1798, invadiu os cantões suíços e criou a "República Helvética", unificando os Estados da região.

## A REVOLUÇÃO NA POLÔNIA

No final do século XVIII, Varsóvia era um dinâmico centro urbano de 120 mil habitantes, enquanto Cracóvia e Vilna eram cidades universitárias em que o pensamento iluminista circulava com vigor. Rousseau, Beccaria e Smith figuravam entre os pensadores estrangeiros mais lidos nessas cidades. Em 1788, após 15 anos de domínio russo, as elites locais aproveitaram-se da guerra entre a Rússia e a Turquia para formar a chamada Dieta dos Quatro Anos, cujo objetivo era criar um Estado polaco independente.

Após um longo debate, em 3 de maio 1791, já sob inspiração da Revolução Francesa, a Polônia criou a sua primeira Constituição, a segunda do mundo revolucionário (a primeira foi a dos Estados Unidos), promulgada pelo rei Estanislau Augusto Poniatowski. Obra de patriotas como Ignacy Potocki, Małachowski, Kołłątaj e Czartoryski, essa Constituição transformava a República da Polônia em uma monarquia constitucional, com um parlamento eleito por voto censitário. Aos olhos de hoje, a Constituição era bastante limitada: o rei presidia o Senado e tinha poder de veto; a condição dos judeus não foi alterada e os camponeses permaneceram servos.

Mesmo assim, Kołłątaj planejava obter avanços nos direitos dos camponeses, o que desencadeou a reação da aristocracia russa de São Petersburgo. A Revolução Polonesa foi vista como perigosa pela Rússia (que já não estava mais em guerra), Prússia e Áustria. As três potências então atacaram a Polônia e restauraram, em janeiro de 1793, as instituições anteriores a 1788.

A humilhação nacional teve um efeito explosivo entre os poloneses, convertendo um movimento reformador em uma revolução popular. Preparou-se uma insurreição nacional em 1794, liderada por Potocki, Kołłątaj e Kosciusko.

# 40 REVOLUÇÃO FRANCESA

Grupos jacobinos, instalados em Varsóvia, deram um passo à frente e elaboraram uma nova Constituição que, de fato, acabaria com a servidão. Sem a ajuda dos franceses, contudo, os jacobinos poloneses acabaram derrotados e a Polônia, eliminada do mapa europeu em 1795. Os jacobinos de Varsóvia, por sua vez, permaneceriam como referência para o movimento nacional polonês.

Para os revolucionários franceses, contudo, a concentração das tropas austríacas, russas e prussianas na Polônia foi determinante para facilitar as vitórias da Revolução Francesa nas guerras do mesmo período. "Às custas de sua independência", constata o historiador Georges Lefebvre, "a Polônia ajudou a salvar a Revolução".

## OS PAÍSES BAIXOS

Dois outros casos foram expressivos na Era das Revoluções: o das Províncias Unidas (Frísia, Groninga, Gueldres, Holanda, Overissel, Utreque e Zelândia) e o dos Países Baixos Austríacos (atual Bélgica).

Iniciemos pela revolta "patriótica" dos neerlandeses. O que era de início um movimento difuso e de contornos imprecisos passou a mesclar-se, entre 1785 e 1787, com as antiquíssimas disputas entre as cidades e a Casa de Orange. Aliados dos ingleses, os partidários do chefe de Estado (*stathouder*) Guilherme V de Orange, chamados de "aristocratas", buscavam fortalecer o poder central ou mesmo tornar as sete Províncias Unidas uma monarquia de fato. Em oposição, e em aliança com os norte-americanos, Joan Derk van der Capellen tot den Pol (1741-1784) liderava os "patriotas" ou "batavos", nome inspirado nas lutas contra os romanos na Antiguidade. A causa patriótica rejeitava a ingerência inglesa, reivindicava um regime representativo e advogava pela ideia republicana de formação de milícias armadas populares. Para eles, apenas a "liberdade armada" poderia garantir uma ordem constitucional e abolir impostos injustos. Para enfraquecer os ingleses, Luís XVI, rei da França, também apoiou as reivindicações dos patriotas.

Os patriotas conseguiram derrubar Guilherme V e formaram um comitê de cinco membros para "restaurar as instituições republicanas". Contudo, o cunhado de Guilherme V, Frederico Guilherme II, rei da Prússia, interveio nas Províncias Unidas em 1787. Sob o pretexto de resgatar a princesa Guilhermina de Orange, da Casa Hohenzollern, os exércitos prussianos esmagaram os patriotas e restauraram o *stathouder*. Centenas de patriotas acabaram presos e milhares se refugiaram na França e na Bélgica. O comandante do exército invasor, o duque Brunswick, lideraria anos depois a invasão contra a França revolucionária.

Herdeira da república patriota, a República Batava foi criada 1795, com apoio do exército revolucionário francês. Contudo, a República, que duraria até 1805, detinha pouca autonomia em relação à França. A despeito disso, os neerlandeses organizaram-se em vários "clubes jacobinos" para debater sobre política, criaram ainda um jornal chamado *O Democrata* e um clube político chamado Sistema Democrático.

Em 1798, a Assembleia Constituinte da República Batava sofreu oposição do próprio governo revolucionário francês, que eliminou os setores mais democráticos da região. Em 1806, a interferência francesa chegou ao seu paroxismo, com Luís Bonaparte, irmão de Napoleão Bonaparte, nomeado rei, sepultando para sempre a República Batava.

Entre os primeiros a utilizarem o termo "democrático" com maior veemência para afirmar suas posições políticas estavam os revoltosos dos Países Baixos Austríacos, a atual Bélgica. Desde 1648, a região vivia sob forte controle aristocrático, com vários postos políticos monopolizados pelo clero das grandes abadias. A movimentação patriótica na Bélgica nasceu da combinação entre a influência externa neerlandesa e o contexto de uma série de reformas "esclarecidas" do imperador José II da Áustria.

José II aboliu a tortura, regulamentou as peregrinações religiosas, enterros e festas populares, fechou alguns mosteiros e confiscou seus bens, submeteu à sua aprovação as bulas e decretos papais. Paralelamente, reorganizou o serviço administrativo, diminuindo as autonomias das administrações e sistemas judiciais locais. Inspirado pelos princípios do *laissez-faire* dos fisiocratas iluministas, ele desregulamentou os termos sob os quais os mestres poderiam empregar trabalhadores.

A reforma desagradou tanto os aristocratas, que as julgaram autoritárias, quanto os patriotas belgas, que as consideraram insuficientes. A nobreza de Alost, por exemplo, manifestou-se vigorosamente pelo seu "direito de julgar", ao passo que os advogados de Bruxelas se levantaram pelo direito de manter os cargos que haviam comprado. Em 1788, os estados de Brabante e Hainaut recusaram-se a pagar impostos e, sob a liderança de Van der Noot e Vonck, iniciaram uma grande rebelião.

Enquanto Noot tinha como principal bandeira a manutenção da autonomia e dos privilégios aristocráticos, Vonck, advogado e filho de um fazendeiro relativamente pobre, atraiu para a revolta contra o imperador pessoas

# 42 REVOLUÇÃO FRANCESA

de diversas camadas sociais. Os grupos rebeldes, nas palavras da historiadora belga Suzanne Tassier, eram "chamados de 'vonckistas' pelos adversários, e 'democratas' por si mesmos".

Com a morte de José II, o novo imperador, Leopoldo II (a propósito, irmão de Maria Antonieta) organizou a repressão, já sob a ameaça da Revolução Francesa. A Revolução Belga, tal qual a neerlandesa, malograra. Contudo, Leopoldo II e seu sucessor a partir de 1792, Francisco II, seguiram enfrentando oposição, especialmente por parte dos jacobinos húngaros. Como nas Províncias Unidas, os belgas mais tarde seriam anexados pela França revolucionária, e apenas em 1830 a Bélgica adquiriu o *status* de Estado independente.

"Para que rebente uma revolução", diz o historiador Jean Jaurès, "é necessário que as classes inferiores sofram de um terrível mal-estar ou uma grande opressão. Mas é necessário também que tenham um princípio de força e, por conseguinte, de esperança". A Revolução Francesa emergiu em meio a uma época revolucionária, um tempo de esperança. Porém, isso não pode levar a crer que a Revolução Francesa seja um pequeno acontecimento em meio a tantas outras revoluções. Afinal, excetuando o Haiti e os Estados Unidos, a maior parte dos movimentos teve um alcance limitado e malogrou. Entre 1789 e 1917, foram principalmente os acontecimentos franceses que se tornaram, para seus apoiadores e detratores – como modelo ou como espectro –, o paradigma do que é uma revolução.

---

### DEMOCRACIA E REVOLUÇÃO

A filósofa Hannah Arendt (1906-1975), em *Sobre a Revolução*, de 1961, argumenta que a Revolução Norte-Americana, de 1776, teve como legado a "liberdade política", ao passo que a Revolução Francesa, de 1789, teve como legado a "libertação", isto é, a ideia de que é tarefa da política intervir no campo social.

Enquanto Arendt enxerga naturezas distintas nessas duas revoluções, alguns historiadores veem uma forte afinidade entre os movimentos revolucionários do período. Dentre eles está Robert Palmer que, nos dois volumes (1959 e 1964) de sua *Era das revoluções democráticas,* argumenta em prol de uma unidade das revoluções "atlânticas e democráticas" (a genovesa, a americana, a neerlandesa, a belga, a francesa e a polonesa). Palmer usa o conceito de "revoluções democráticas" não porque elas tenham implantado uma democracia em seu estado pleno (afinal, os Estados Unidos não aboliram a escravidão e a França não aprovou o voto feminino), mas por terem jogado por terra a noção de que existem diferenças hereditárias, abrindo caminho para um novo tipo de sociedade.

Contudo, no século XVIII a palavra "democracia" raramente era utilizada em um sentido positivo. Em geral, era associada à democracia direta grega antiga (um modelo inviável em grandes nações) ou à desordem popular. Nas revoluções, os primeiros a utilizarem o termo de forma positiva foram os neerlandeses e os belgas. Para eles, "democracia" significava fundamentalmente a igualdade em sentido político.

Durante a Revolução Francesa, apenas três lideranças utilizaram o termo "democracia" em sentido positivo: o bispo de Ímola (futuro papa Pio VII), Maximilien de Robespierre e Thomas Paine. Para Paine, eram democráticos os governos ancorados nas eleições e na representação, em contraposição aos governos hereditários e aristocráticos. Já o bispo de Ímola associava a palavra "democracia" à "aplicação equânime da lei [divina e humana] a todos os indivíduos". Robespierre, por sua vez, argumentava que a democracia ocorreria em um Estado no qual o povo soberano, guiado por leis que emergiriam dele próprio, faria por si só tudo aquilo que lhe fosse cabível, enquanto seus representantes fariam tudo aquilo que não fosse (como veremos, esse discurso foi também uma maneira de rechaçar as propostas de democracia direta dos *sans-culottes*). Nos casos de Paine e Robespierre, trata-se de uma redefinição radical da própria ideia de democracia, associada não mais à democracia direta grega, mas às eleições e à representação.

Após a Revolução Francesa, a palavra "democracia" cairia novamente em descrédito, associada ao jacobinismo ou à "tirania da maioria". De acordo com Palmer, nos discursos e pensamentos políticos, a associação da palavra "democracia" a algo positivo e desejável só se tornou hegemônica após as guerras mundiais, isto é, na segunda metade do século XX.

# A monarquia, a reforma e a Revolução
(1715-1789)

## O QUE ERA A MONARQUIA FRANCESA?

Último monarca da dinastia Bourbon antes da Revolução Francesa, Luís XVI (r. 1774-1792) foi coroado na catedral de Reims, um santuário gótico a 150 quilômetros de Paris. A cerimônia, que custou 760 mil libras aos cofres reais, ocorreu no dia 11 de junho de 1775, durante o verão do país europeu. O rei chegou à cidade dias antes, na companhia dos duques de Chartres e de Orléans, do conde de Artois e do príncipe de Condé.

A coroação seguiu à risca as tradições. Luís XVI recebeu o óleo sagrado dos reis, derramado sobre a sua cabeça pelo arcebispo de Reims, monsenhor de La Roche-Aymon. Após colocar sobre o monarca a antiga coroa de

# 46 REVOLUÇÃO FRANCESA

Carlos Magno, o bispo pronunciou as seguintes palavras: "que Deus vos coroe com a coroa da glória e da justiça, assim chegareis à glória eterna". O monarca então jurou combater a heresia, mesmo com a reprovação do seu ministro, o filósofo Turgot, que considerava tal promessa antiquada e intolerante.

No dia seguinte, Luís XVI ainda repetiu uma prática medieval que não era realizada por nenhum rei desde 1738: tocou, com as próprias mãos, os doentes da cidade, enquanto era pronunciada a sentença "o rei te toca, que Deus te cure". Segundo o periódico *Gazette de France*, o monarca teria tocado cerca de 2.400 pessoas em um parque.

No entanto, em meio a tanta tradição, uma quebra de cerimonial chamou a atenção: após a coroação, Luís XVI foi aplaudido. A manifestação sugeria algo inédito: a coroação era uma cerimônia que poderia (ou deveria) ter aprovação. E se poderia ser aprovada, logicamente também poderia ser reprovada.

Filho de Luís Fernando e Maria Josefa da Saxônia, Luís XVI nasceu em Versalhes, em 23 de agosto de 1754, tendo à época o título de duque de Berry. Luís XVI era saxão pela mãe, polonês pela avó, saboiano pela bisavó, espanhol pela trisavó e pela tetravó e florentino pela sogra desta. Todas as famílias nobiliárquicas europeias, afinal, eram entrelaçadas e era frequente na época um rei não falar a língua de seus súditos. Isso nos mostra que, no Antigo Regime, não se pensava em termos de "Estado-nação" ou de "nacionalismo": a legitimidade da Coroa advinha da religião, dos costumes e das tradições, e não do fato de ela "representar" a vontade dos súditos.

Bastante esclarecedor desse ponto é o palácio em que Luís XVI nasceu. Após o reinado de Luís XIV (r. 1638-1715), Versalhes se tornou um monumento colossal, composto por 2.153 janelas, 67 escadas, 352 chaminés, 700 quartos, 1.250 lareiras e 700 hectares de parque. A construção de Versalhes fazia parte de um movimento maior, quando as cortes deixaram de ser itinerantes e se fixaram em centros importantes, como também ocorreu em Madrid, com Felipe II, e São Petersburgo, com Pedro, o Grande. O palácio era frequentado por uma vasta corte que chegou a acolher mais de 4 mil fidalgos e seus servidores. Mais do que isso, os costumes de Versalhes eram o modelo para as nobrezas de toda a Europa e o francês falado na corte era a língua da sociedade culta e da diplomacia. Poucos imaginariam que o jovem Luís XVI, nascido em meio a esse esplendor, terminaria a vida guilhotinado aos 39 anos, em 1793.

Antes de passarmos à Revolução, é preciso compreender o próprio caráter da realeza. Tradicionalmente, a monarquia francesa da época moderna é chamada de "absolutista". Teorias como a do "direito divino dos reis" diziam que eles eram todo-poderosos por vontade de Deus. O texto de 1709, *Política Retirada das Sagradas Escrituras,* do cardeal e filósofo da corte de Luís XIV Jacques Bossuet, dizia que os reis recebiam "do próprio Deus o maior e mais absoluto poder sobre todos os homens". Baseado nessas palavras, em 1766, o rei da França, Luís XV, diria: "o poder soberano reside apenas em mim e os direitos e interesses da nação repousam tão somente em minhas mãos".

Na prática, contudo, as coisas eram bem diferentes. O chamado "Estado absolutista" só era capaz de sobreviver com a mediação das elites. Mesmo Luís XIV, ao revogar a relativa liberdade religiosa em 1685, precisou estabelecer exceções às regiões da Lorena e da Alsácia, onde judeus e protestantes eram numerosos (não há qualquer prova, a propósito, de que o rei Luís XIV tenha dito a frase "o Estado sou eu"). Ademais, os monarcas franceses continuavam submetidos às leis fundamentais do reino, como as regras de sucessão e os princípios religiosos. Mesmo as propriedades dos súditos estavam fora de sua alçada e o próprio Bossuet distinguia "poder absoluto" de "poder arbitrário", este último exercido sem recurso às leis.

Portanto, o termo "poder absoluto" (a noção de uma *potestas absoluta* aparece de várias formas desde a Idade Média) não deve ser interpretado no sentido contemporâneo, ou seja, como um "governo totalitário". O rei era visto como depositário da soberania, conforme teorizado na obra de Bodin, *Seis Livros da República* (1576). A soberania "absoluta", argumentava Bodin, significava que o rei estava acima das leis civis e poderia criá-las ou alterá-las sem consentimento dos súditos, dado que, para ele, a única forma de garantir a aplicação de uma lei seria estando acima dela. Mas "soberania absoluta", pontuava, não significava "soberania ilimitada": o rei não podia violar as leis de Deus, os contratos estabelecidos, as propriedades dos súditos e as tradições.

Além disso, a França do Antigo Regime era uma complicada e conflitiva teia de costumes, leis e códigos. Falar de França na época moderna significava falar de um mosaico composto por bretões, vascos, occitanos, alsacianos, lorenos e flamencos, cada qual com identidades, dialetos e laços históricos distintos. A desigualdade e o particularismo regional, longe de serem vistos como injustiças, eram entendidos por muitos como "naturais".

# 48 REVOLUÇÃO FRANCESA

Não havia um sistema de leis ou impostos único para o território. Assim, por exemplo, passar da Bretanha a Maine significava abandonar um sistema de impostos relativamente suaves para entrar numa região dependente do intendente (agente enviado do governo central para as localidades, que não podia comprar o cargo e, por isso, era símbolo da crescente centralização administrativa) e com o sal mais caro da França. Enquanto algumas regiões da França ao norte e ao oeste estavam isentas do imposto sobre o sal (*gabelle*), em outras regiões ele era considerado insuportável. Não havia sido estabelecido ainda o sistema métrico; o reino tinha cerca de 800 sistemas distintos de medidas. Por exemplo, em 1750 o rei Luís XV encarregou o historiador real, Jacques-Nicolas Moreau, de compilar todos os documentos legais para explicar o funcionamento da monarquia francesa. Moreau morreu sem sequer chegar perto de completar sua missão.

A sociedade do Antigo Regime era uma sociedade de corpos (nobrezas, corporações de ofício, grupos eclesiásticos, entre outros), isto é, agrupamentos que eram reconhecidos e transformados em instituições a partir de estatutos, autorizações monárquicas, privilégios e proteções legais (se os agrupamentos não fossem reconhecidos, entrariam na categoria de seitas, passíveis de punição). Um importante dicionário do período, o *Dictionnaire Universel*, de Furetière (1690), definia "privilégio" como "vantagem particular que uma pessoa goza em detrimento das outras, a qual vem com a benção de seu Soberano". Ser privilegiado, no sentido político-social, era gozar de uma liberdade ou de uma vantagem em detrimento dos outros.

Apesar de frequentemente os manuais de História falarem em privilégios "do clero" ou "da nobreza", na verdade algumas cidades ou regiões específicas poderiam gozar de privilégios e mesmo alguns dos mais miseráveis poderiam ter isenção do imposto sobre o sal. Assim, dentro do clero, da nobreza e do povo vigoravam distintos estatutos, a depender da localidade, da ocupação e do modo de vida. A rigor, portanto, é errado falar em "ordens privilegiadas", embora, como veremos adiante, é claro que as elites nobiliárquicas e clericais tinham privilégios que as opunham ao povo de forma geral.

Enfim, se entendermos "despotismo", nos termos de Montesquieu em seu *Espírito das leis*, como o "governo de um só homem", o "absolutismo" não era um regime despótico. Contudo, isso não deve nos levar, em direção oposta, a alguma forma de celebração do Antigo Regime, pois nele não existiam

A MONARQUIA, A REFORMA E A REVOLUÇÃO **49**

parlamentos eleitos, Constituição, liberdade plena de expressão ou de culto e a tortura era parte do procedimento legal.

Dois pensadores liberais oitocentistas e críticos da monarquia absoluta, Benjamin Constant e Alexis de Tocqueville, qualificaram o Antigo Regime francês: "governos abusivos, que, sem serem fortes, eram vexatórios, absurdos nos princípios e miseráveis na ação", disse o primeiro; "uma regra rígida, uma prática frouxa, tal é o caráter do Antigo Regime", disse o segundo.

## CONFLITO E CENTRALIZAÇÃO NOS TEMPOS DE LUÍS XV

Contra essa situação, veio o empenho pela reforma que, como vimos, era comum a muitos reis do período. Na França, o impulso reformista teve sua primeira expressão no reinado de Luís XV (r. 1715-1774), que sucedeu ao bisavô Luís XIV. Seu chanceler, Maupeou, trabalhou em prol da uniformização administrativa. Os contemporâneos chamaram essas medidas de "Revolução".

Maupeou buscou instalar tribunais superiores e enfraquecer os parlamentos, chegando até mesmo a suprimir o Parlamento de Paris e exilar seus membros em 1771. Os defensores dos parlamentos foram chamados de "patriotas" contra o "despotismo" do monarca. Contra os parlamentos, buscava-se fortalecer os intendentes, que eram agentes do rei. A propósito, a palavra "burocracia" (*bureaucratie*) foi utilizada na França pela primeira vez que se tem notícia no ano de 1759.

Cabe esclarecer, então, o que eram os parlamentos. Na França, havia 13 parlamentos espalhados pelo território, dos quais 12 eram provinciais (Toulouse, Grenoble, Bordeaux, Dijon, Ruen, Aix, Rennes, Pau, Metz, Besançon, Douai, Nancy) e um Parlamento de Paris, existente desde 1278. Além disso, subsistiam quatro Conselhos soberanos (Roussillon, Alsácia, Arras, Córsega).

Um parlamento poderia enviar advertências (*remonstrances*) contra o rei, pontuando falhas e desvantagens de suas leis. No século XVIII, essas advertências eram impressas e publicadas, expondo as ações da monarquia ao debate público. Em resposta, o rei poderia, pessoalmente ou por meio de um representante, presidir o parlamento para fazer valer a sua autoridade (o procedimento chamava-se "leito de justiça").

Tomemos como exemplo o Parlamento de Bordeaux. No início do século XVIII, ele tinha em seu topo o presidente, apontado pela Coroa, abaixo dele, 9 *présidents à mortier* (durante o reinado de Luís XV, um dos *présidents* do Parlamento de Bordeaux foi o conhecido barão iluminista Montesquieu); abaixo deles, havia mais 4 presidentes e 84 conselheiros. Com exceção do presidente, todos os cargos eram comprados, vendidos, alugados ou herdados – e assim se dava com os 1.250 parlamentares espalhados da França. O trabalho judicial do parlamento se dava por comissões especializadas; Montesquieu, por exemplo, presidiu a divisão criminal em Bordeaux. A significativa defesa de Montesquieu em relação à necessidade de vigilância entre os três poderes (legislativo, executivo e judiciário) no *Espírito das leis* está, em grande medida, relacionada a esse contexto concreto de conflitos entre o rei e os parlamentos.

Os parlamentos, portanto, encorajavam a ideia de que existiam centros de lealdade alternativos ao rei. Neles, muitos membros da nobreza recorriam à linguagem iluminista do "contrato social" como uma forma de oposição ao poder central. Por exemplo, durante os persistentes conflitos entre Luís XV e os bretões, o Parlamento de Rennes rechaçou os novos impostos e invocou a autonomia prometida a eles em outros tempos. Esse foi um dos motivos pelos quais, em 1751, o marquês d'Argenson disse existir "um vento filosófico soprando da Inglaterra em nossa direção em favor de um governo livre, anti-monárquico... pode ser que esse governo já exista nas cabeças do povo". Nesse contexto, diante da enorme resistência ao trabalho de Maupeou, Luís XV demitiu o chanceler e restaurou o sistema tradicional de parlamentos.

Havia outro fator de conflito entre Luís XV e a nobreza: a introdução da vigésima, um imposto de 5% sobre todos os rendimentos, aplicado a todos aqueles que tivessem propriedades. Seu bisavô, Luís XIV, já havia introduzido a dízima e a capitação (é enganosa, portanto, a ideia de que a nobreza francesa não pagava impostos, embora possuísse várias isenções). No caso de Luís XV, a introdução do novo imposto tinha como justificativa o financiamento das guerras em que a França se envolveu, como a Guerra de Sucessão Austríaca, que terminara em 1748, e a Guerra dos Sete Anos (1756-1763). Para sanar os problemas financeiros do país, a exemplo do Banco da Inglaterra, fundado em 1694, Luís XV fundara o Banco Real, sob direção do escocês John Law. O banco, porém, faliu em 1720.

Mas o conflito mais duro enfrentado por Luís XV foi com os religiosos. A França era um país majoritariamente católico: no reino, a Igreja Católica era uma vasta corporação detentora de terras e estava isenta de muitos impostos, como a *taille,* principal imposto direto. A porcentagem de terras nas mãos da

Igreja variava desde 5% ou 6% em regiões do oeste e do sul e até 20% em regiões do norte da França. Em 1789, o clero contava com cerca de 406 mil membros. Quase todos os bispos, cardeais e arcebispos eram nobres de nascimento. Enquanto isso, os vigários e os curas, isto é, os padres das paróquias, provinham de estratos menos prestigiosos e eram figuras-chave no cotidiano da população. Eram os curas, por exemplo, que mantinham os registros de estado civil. Assim, enquanto a população nutria simpatia pelos padres e pelas freiras que atuavam nos hospitais, havia um desgosto popular cada vez mais forte com relação ao alto clero.

Mas o poder da Igreja Católica não deve criar a ilusão de um grande consenso no âmbito religioso. A Europa, desde o século XVI, vivia uma fratura religiosa, com o norte protestante (Escandinávia, Ilhas Britânicas, Províncias Unidas e parte da Alemanha), a Europa meridional e latina católica (península ibérica, Itália e França) e a Europa Oriental quase inteiramente ortodoxa. A própria dinastia Bourbon ascendeu ao poder, no final do século XVI, após uma sangrenta guerra civil entre católicos e protestantes. O primeiro rei Bourbon, o protestante Henrique IV (1553-1610), converteu-se ao catolicismo e, por meio do Édito de Nantes, garantiu uma relativa tolerância religiosa, com vistas a pacificar a França. Em 1685, contudo, Luís XIV revogou o Édito de Nantes, o que foi seguido da expulsão de muitos protestantes. Em 1789, estima-se que havia na França cerca de 200 mil luteranos, 400 mil calvinistas e 40 mil judeus.

Contudo, a oposição religiosa ao rei não se limitava aos protestantes. Mesmo dentro do catolicismo, os debates eram fervorosos, de modo que ganhavam força. Havia, por exemplo, iluministas católicos, como o abade Raynal (1713-1796). Durante a Revolução, outro abade, Grégoire, sustentava que todo aquele que é inimigo da Revolução "é um mau cidadão e, consequentemente, um mau cristão". Eram numerosas, por exemplo, as redes jansenistas, doutrina que se desenvolveu no seio do catolicismo, inspirada nas ideias de Santo Agostinho e de um bispo de Ypres, Cornelius Otto Jansenius. Diversas publicações jansenistas reivindicavam o regresso da "Igreja Primitiva" e questionavam as interferências do rei e do papa na "primeira ordem", isto é, a Igreja Católica francesa. Inicialmente, o grupo estava sediado no convento do Port-Royal des Champs, ao sul de Versalhes, onde viveram gigantes como Blaise Pascal e Jean Racine.

No século XVIII, muitos jansenistas tornaram-se aliados dos parlamentares de Paris e opositores dos jesuítas, que apoiavam a autoridade papal. É por isso que, em 1764, a expulsão dos jesuítas do reino foi vista como uma vitória dos parlamentares. Cento e seis colégios jesuíticos foram fechados e, consequentemente, um grande debate sobre a educação aconteceu na França.

Enfim, as medidas centralizadoras, os conflitos religiosos e os casos amorosos do rei com a condessa Du Barry e a madame de Pompadour renderam a Luís XV comparações com os "déspotas orientais" feitas por seus críticos. Foi nessa época que, por motivos pouco esclarecidos, o camponês François Damiens tentou matar o rei Luís XV. Sua execução pública – notoriamente analisada pelo filósofo Michel Foucault em *Vigiar e punir* – incluía o dilaceramento da carne de seu peito, coxas e panturrilhas, a mão queimada com enxofre e o despejo sobre ele de chumbo derretido, junto com óleo fervente, resina ardente e cera.

O rei morreu em 1774, aos 64 anos, devido à varíola. Desprestigiado, foi enterrado à noite, em 12 de maio, na Basílica de Saint-Denis. Frederico, rei da Prússia, ironizou: "Luís XV foi um homem bom, porém fraco; seu único defeito era ser rei".

## CRISE, GUERRA E REFORMA NO REINADO DE LUÍS XVI

"Aquele foi o melhor dos tempos, o pior dos tempos, foi a era da sabedoria, da loucura, foi a época da crença, da incredulidade, a era da Luz, das Trevas, a primavera da esperança, o inverno do desespero." Com essas palavras, o escritor Charles Dickens, em *Um conto de duas cidades,* procurou condensar a situação da França pré-revolucionária, um amálgama de miséria e prosperidade, reforma e autoritarismo, iluminismo e repressão.

Luís XVI, aos 21 anos de idade, tornou-se rei. Para livrar-se do fantasma do pai, uma de suas primeiras medidas foi aplicar em Versalhes a "inoculação" (ancestral de nossa vacina) contra a varíola, de modo que o próprio rei tomou cinco injeções.

Os aplausos durante a cerimônia de coroação e a ênfase do rei em reafirmar os ritos tradicionais, vistos no início deste capítulo, são sintomas de uma monarquia que vivia um momento crítico diante de uma era de reformas e da ascensão da opinião pública. Mas a compreensão dessa conjuntura nos leva a outra questão: o problema econômico.

A MONARQUIA, A REFORMA E A REVOLUÇÃO 53

Em um texto da década de 1940, o historiador Ernest Labrousse descreve o século XVIII como um "século de prosperidade": a produção manufatureira francesa aumentou em 60%, o comércio quadruplicou e foram lançadas as bases da indústria do ferro. A população francesa, às vésperas da Revolução, chegou a 28 milhões de habitantes, um quinto da população europeia e 4% da população mundial, à época estimada em 700 milhões de pessoas (fator fundamental, aliás, para entendermos a futura força do exército jacobino e napoleônico).

Paralelamente, no século XVIII, o índice de homens alfabetizados na França aumentou de 29% para 47% e o índice de mulheres alfabetizadas de 14% para 27%. Textos como *A nova Heloísa*, de Rousseau, tinham uma demanda muito superior à oferta, de modo que o aluguel de livros se tornou prática comum. Na Paris de 1720, um terço dos livros impressos eram religiosos, proporção que caiu para um décimo em 1780. Em contrapartida, as impressões de obras artísticas e científicas duplicaram no mesmo período.

O revolucionário Barnave, em suas notas de 1792, chamadas *Introduction à la Révolution Française*, acreditava que as transformações econômicas, minando as antigas ordenações sociais, foram a raiz das futuras transformações políticas, que cada vez menos correspondiam à realidade da França: "quando as artes e o comércio conseguem penetrar no povo e criam uma nova fonte de riqueza para a classe trabalhadora, prepara-se uma revolução nas leis políticas". Barnave ainda alertou para o perigo do nascimento de uma aristocracia do dinheiro: "uma nova aristocracia, uma espécie de aristocracia burguesa e mercantil poderá, é verdade, erguer-se por meio deste novo gênero de riquezas". O texto, publicado apenas em 1843, teve grande impacto entre os historiadores.

O fato de o século XVIII ser um período de crescimento, contudo, não significa que ele não tenha sido entrecortado por crises econômicas, em especial na década anterior à Revolução Francesa, marcada por problemas meteorológicos, guerras e epidemias.

Além do mais, nas décadas que antecederam a Revolução Francesa, a monarquia beirava a bancarrota. Em 1788, as despesas da monarquia eram de 629 milhões, enquanto as receitas não passavam dos 503 milhões. Os gastos com a corte, embora exorbitantes, representavam apenas 6% do orçamento da Coroa. Já os gastos civis representavam 19%, os gastos militares, 26%, e a dívida, muitas vezes contraída em função da guerra, 50%. Os juros, importante lembrar, variavam de 8% a 10 %. Boa parte das despesas da monarquia, portanto, eram militares. Na França, o exército permanente tinha 2 mil homens no século XIV, subindo para 15 mil no século XV e 135 mil no século XVIII.

Vale pontuar que o exército da época moderna era muito diferente do dos dias de hoje. Não havia serviço militar obrigatório nem comunidades militares permanentes. As forças eram compostas, em primeiro lugar, por mercenários, geralmente suíços, albaneses, irlandeses, turcos ou húngaros. Em segundo lugar, eram compostas por pessoas recrutadas entre os pobres, aventureiros ou criminosos. Na Espanha, incursões em bordéis eram frequentemente feitas para recrutar homens "desajustados". Na França, cada capitão escolhido deveria recrutar uma companhia em uma determinada zona.

Em contrapartida, os oficiais do exército eram nobres. Nessa condição, nas guerras, eles levavam consigo louça luxuosa, meias de seda, criados e amantes. Por exemplo, o exército inglês de John Burgyone, na Revolução Norte-Americana, tinha 4.700 homens acompanhados de 2 mil mulheres. Na França, dizia-se que Richelieu, o célebre ministro de Luís XIII, poderia ser facilmente localizado nas batalhas pelo seu perfume excessivo.

Dito isso, o exército, em expansão, era financiado com crédito público, de onde a crescente dívida. Entre 1756 e 1763, Luís XV se envolveu em guerras interimperiais contra a Inglaterra, a chamada Guerra dos Sete Anos, quando as duas Coroas aumentaram consideravelmente suas dívidas. A guerra acabou diminuindo a presença francesa na América, de modo que a França acabou tendo que ceder aos ingleses o Canadá, Tobago, Granada, São Vicente e Dominica, além de alguns entrepostos e feitorias na África e no Império Indiano. Luís XVI, por sua vez, se envolveu na Guerra de Independência das Treze Colônias a fim de retomar os territórios perdidos pela França na guerra anterior. Além de equipamentos, ele concedeu aos Estados Unidos um crédito de 16 milhões de libras, seis a título de doação.

É verdade, portanto, que o Estado francês estava endividado e isso foi um dos motivos que levou à revolução. Contudo, é igualmente verdade que as dívidas da monarquia inglesa eram proporcionalmente maiores e a população inglesa também suportava uma pesada carga de impostos. À questão da dívida, portanto, deve somar-se a conformação sociopolítica da França, que estorvava a reforma pretendida pela monarquia. Nas palavras do historiador Jean-Clément Martin, "os parlamentos, o clero, os corpos intermediários, as grandes concessões administrativas pessoais e as nobrezas podiam argumentar, com aparente boa-fé, que qualquer mudança nos impostos deve ser aprovada por uma assembleia para garantir as constituições do reino".

Ocorre que, diante da necessidade de reforma, a Coroa optou por uma política ambígua que resultou num verdadeiro baile de nomeações e demissões de ministros. A monarquia francesa contava com, ao todo, sete ministros: o ministro de estado, o controlador-geral (encarregado das finanças), o chanceler (encarregado da justiça) e quatro secretários de Estado (encarregados da guerra, da marinha, dos negócios estrangeiros e da casa real). Como controlador-geral das finanças, Luís XVI nomeou o iluminista fisiocrata Turgot, discípulo do filósofo Quesnay. Os fisiocratas eram defensores da reforma econômica, em especial a liberdade de comércio, tendo como lema o *"laissez faire, laissez passer!"* (deixe fazer, deixe passar). Turgot propôs uma grande reforma, que incluía liberdade econômica para gêneros básicos, fim dos monopólios em relação às colônias, diminuição dos gastos da corte e criação de um imposto único para todos, exceto o clero. Ele buscava abolir também a servidão e a corveia, um trabalho obrigatório prestado por pessoas desprivilegiadas.

O fim dos monopólios de preços para os cereais, ademais, ocasionou um imediato aumento dos preços. Turgot argumentava que os aumentos imediatos seriam compensados no longo prazo. Mas, pensava o povo, se o interesse geral exigia sacrifícios, por que ele era o único que o suportava? Iniciaram-se, assim, revoltas populares chamadas de "a guerra das farinhas". Na repressão delas, dois líderes populares, um peruqueiro de 28 anos e um empregado da usina de gás de 16, foram enforcados como exemplos. Contra Turgot, o banqueiro suíço Jacques Necker escreveu o *Ensaio sobre o comércio de grãos,* argumentando que as medidas do ministro eram absurdas. Com essa crítica, pela primeira vez um pensador apelava à opinião pública por meio de um programa econômico tendo em vista a obtenção de um ministério.

Em carta a Luís XVI, Turgot pedia uma atitude mais enérgica por parte do rei: "não se esqueça jamais de que foi a fraqueza que colocou a cabeça de Carlos I no cepo". Ele remetia ao episódio da decapitação, em 1649, do rei Carlos I da família Stuart pelo povo britânico nas chamadas Revoluções Inglesas – precedente que assombrava os monarcas do século XVIII. Em 12 de maio de 1776, Luís XVI demitiu Turgot e nomeou Bernard de Clugny para o cargo de controlador-geral. Clugny restabeleceu a corveia e os monopólios abolidos por Turgot.

Mas a França ainda necessitava de reformas, o que fez Luís XVI demitir Clugny e nomear Necker como diretor-geral das finanças. O título de "diretor" era equivalente ao de "controlador-geral", o qual Necker não poderia adquirir por ser protestante (Necker, como veremos, será diretor três vezes, de 1776 a 1781, de 1788 a 1789 e de 1789 a 1790). Necker buscou reduzir o gasto na corte, aboliu a servidão nas terras do rei, proibiu a tortura de suspeitos e propôs substituir os parlamentos por assembleias provinciais, com maior controle do rei. A nobreza, que perderia poder, acusou o rei de "despotismo".

Em 1781, sob incentivo de Necker, o Parlamento de Paris publicou um *Relatório ao Rei,* que contou com mais de cem mil exemplares impressos. Tratava-se da primeira prestação pública das despesas do rei na história da França. "Os males da França eram sentidos, mas não tinham sido calculados", comentou o pastor protestante Rabaut de Saint-Étienne. O cálculo, em toda sua crueza, expunha as entranhas do fausto monárquico. "Mas é um Turgot piorado!", queixou-se Luís XVI.

Enquanto isso, proliferavam críticas contra o rei e a rainha, muitas em forma de canções licenciosas e libelos como *Thérèse Philosophe* (Teresa Filósofa) e *Vénus dans le cloître* (Vênus no Claustro). Embora leitores aristocratas tenham desfrutado amplamente desses textos, enxergando neles nada além das historietas com os quais estavam habituados, para boa parte da população eles contribuíram para dessacralizar as figuras régias. O historiador Robert Darnton rotula tais panfletos de "iluminismo *underground*". Maria Antonieta era um alvo frequente, chamada pejorativamente de "madame déficit" por conta de seus gastos com luxos. Os panfletos também a apresentavam como infiel e lésbica (proliferavam ilustrações de supostas relações com a duquesa de Polignac ou com a princesa Lamballe) e acusavam-na de dominar o marido. No caso de Luís XVI, as canções populares referiam-se ao seu prepúcio e mencionavam sua impotência. "O rei tem apenas um homem, sua mulher", escreveu Mirabeau.

O escritor Stefan Zweig (1881-1942) pergunta se a rainha era um "anjo da ruína" da monarquia ou uma "dama insubmissa". Respondemos: nem uma coisa, nem outra. Ocorre que, como peça no tabuleiro de xadrez diplomático, Antonieta foi concedida em casamento muito jovem para a consumação de alianças entre a França e a Áustria. Na condição de rainha, rompeu com o costume das rainhas anteriores de viver reclusa: participava de bailes, óperas e jogos sem estar acompanhada pelo marido.

Sua figura seria usada para fins políticos tanto por detratores quanto por apoiadores da monarquia, revolucionários e conservadores, antes, durante e depois da Revolução. Um retrato de Antonieta, de 1783, feito pela pintora Elisabeth Vigée Lebrun, foi considerado "indiscreto" por ela estar com um vestido de musselina branca amarrado na cintura (o que também soava como uma afronta à produção de seda de Lyon). O quadro acabou sendo retirado do palácio (que ainda não era museu) do Louvre, e Lebrun foi chamada para fazer outra pintura, em 1787, agora retratando Antonieta como a Virgem Maria, a mãe que cuida de seus filhos.

O episódio mais expressivo da politização em torno da reputação da rainha e que causaria estragos enormes à imagem pública da monarquia foi o chamado "Caso do colar" (ocorrido por volta de 1795). Tudo começou quando o cardeal libertino Louis-René-Édouard, príncipe de Rohan, bispo de Estrasburgo e antigo embaixador de Viena, apaixonado por Maria Antonieta e desejoso de seus favores, foi enganado por uma mulher, Nicole Leguay d'Oliva, que se fazia passar pela rainha a mando de uma poderosa condessa, madame de La Motte. As duas dividiam entre si o dinheiro dos empréstimos que o cardeal enganado fazia à suposta rainha. Rohan chegou a encomendar junto aos joalheiros de Versalhes um colar no valor de um milhão e seiscentas mil libras acreditando agradar a rainha. Quando a verdadeira rainha se encontrou com os joalheiros, a trama foi descoberta e os envolvidos, inclusive Rohan, foram encarcerados.

Rohan foi a julgamento em 1786. Poucos acreditavam que a rainha nada sabia, pois predominava a narrativa de que Luís XVI, diante da infidelidade da esposa, atuara de forma despótica mandando prender o cardeal. Por 26 votos a 22, Rohan acabou absolvido, inocentado e aclamado por uma multidão. Luís XVI exilou o cardeal no dia seguinte ao veredito. O sistema monárquico fora humilhado. Estava em curso, nos termos do historiador Chartier, uma "ruptura afetiva" entre o rei e a nação francesa.

Muitos boatos circulavam então a respeito dos reis, sendo o mais famoso o de que Maria Antonieta teria mandado os pobres comerem "brioches" na falta de pão (em algumas versões, *croissants* e, em outras, a crosta do patê). Na verdade, essa história já era contada a respeito da princesa espanhola que desposou Luís XIV cem anos antes da chegada de Antonieta à França e era mencionada por Rousseau antes mesmo do nascimento da rainha.

58  REVOLUÇÃO FRANCESA

Voltemos, porém, ao problema da reforma econômica. Diante dos crescentes protestos, Necker entregou sua carta de demissão ao rei em 1781 e foi substituído por Henri d'Ormesson, cuja atuação desastrosa levou Luís XVI a uma quinta nomeação, do visconde Alexandre de Calonne, em 1784. Ironicamente, o próprio Calonne estava coberto de dívidas, e o cargo era para ele uma boa forma de arrumar as próprias finanças.

Calonne aumentou a dívida do governo francês com novas obras, como o canal do rio Sena, recriou a Companhia das Índias e, inspirado nos acordos norte-americanos e suecos, firmou um tratado de liberdade comercial com a Inglaterra em 1786, o Tratado Eden-Rayneval. O tratado visava ampliar as receitas graças às taxas alfandegárias. Contudo, o acordo foi mal recebido por comerciantes franceses, que, diante do dilúvio de tecidos ingleses, acabaram prejudicados. Em Lyon, principal cidade manufatureira da França, uma vasta rebelião forçou o governo a enviar tropas para restaurar a ordem. Calonne foi também acusado de fraude e enriquecimento ilícito com a Companhia de Águas de Paris e o Banco de San Carlos na Espanha.

O advogado e filho de um cozinheiro de Chartres, Jacques-Pierre Brissot, e o banqueiro de Genebra, Étienne Clavière, futuros líderes girondinos, estavam entre os opositores de Calonne. Ambos defendiam um amplo programa de reformas na França, que incluía o fim da escravidão nas colônias, o livre comércio e a promoção da batata para diminuir a fome no reino. Em 1788, Brissot ajudou a fundar a Sociedade dos Amigos dos Negros, que contaria com o conde de Mirabeau, o filósofo marquês de Condorcet e o abade Emmanuel Sieyès. Brissot defendia uma "abolição gradual", que se iniciaria pelo fim dos subsídios ao tráfico negreiro e terminaria em um "pacto global" contra a escravidão.

No fim das contas, Calonne, não tão distante de Turgot e Necker, propôs um imposto sobre todas as ordens do reino, o livre comércio de grãos e uma taxação sobre todos os bens imobiliários, inclusive os da Igreja Católica. Tudo isso, argumentava Calonne, fortaleceria a Coroa e a colocaria ao nível da Inglaterra, livrando o rei da dependência dos parlamentos. Junto a isso, o Édito de Tolerância de 1787 deu relativa liberdade aos judeus e protestantes.

Essas reformas suscitaram novas oposições. Diante disso, Calonne propôs ao rei reunir nobres de diversos extratos para aconselhá-lo. A ideia de Calonne era simples, embora não muito fácil de ser executada: tratava-se de buscar apoio às reformas nos grupos tradicionais, para que a legitimidade nobiliárquica equilibrasse o peso dos parlamentos. O rei consentiu e, entre fevereiro e maio de 1787, iniciaram os trabalhos da chamada "Assembleia dos Notáveis".

## AS NOBREZAS

A Assembleia dos Notáveis foi composta por personalidades cuidadosamente escolhidas pela monarquia: 7 príncipes de sangue, 36 duques, pares ou marechais, 11 prelados, 33 presidentes ou procuradores-gerais dos parlamentos, 53 oficiais ligados às cortes soberanas e 25 prefeitos das grandes cidades. Embora dispostos a fazer concessões, os nobres presentes exigiam direitos de controle sobre as assembleias provinciais, criadas em junho de 1787. Essas exigências levaram o historiador Georges Lefebvre a chamar o movimento de "a Revolução Aristocrática", fato que considerou o ponto de partida da Revolução Francesa. Contudo, antes de prosseguirmos, cabe refletir sobre o que significava, no século XVIII, ser nobre.

Na França do período, havia algo entre 150 e 350 mil nobres (não mais que 3% da população). A nobreza gozava de diversos privilégios fundamentais. Alguns eram honoríficos, como o direito de usar uma espada em público ou de ter precedência em certas cerimônias. Outros eram jurídicos, como tribunais especiais e o privilégio de, em caso de condenação à pena capital, serem decapitados em vez de enforcados. Outros ainda eram financeiros, como a isenção da *taille* e do imposto do sal.

O termo "aristocrata", em 1788-1789, foi utilizado para se referir àqueles que gozavam desses privilégios, às vezes incluindo também o clero. Por isso, em carta a Burke, Paine afirmara que o termo "aristocrata" na França era utilizado como "*tory* na América do Norte – um inimigo da Revolução". Contudo, apesar da uniformidade que a ideia de "aristocracia" sugere, a nobreza era diversa em suas concepções de vida, funções e riquezas. Existia, por exemplo, uma poderosa nobreza de corte, próxima ao rei, caso dos Orléans, dos Condé e dos Conti. No século XVIII, muitos deles participavam do comércio colonial, do tráfico de escravizados, do sistema financeiro ou da indústria incipiente. O conde de Artois, por exemplo, participava da manufatura de Javel, Buffon criou uma forja em Montbard, o duque de Orleáns construiu casas de aluguel no Palais-Royal, os Noailles e os Ségur possuíam grandes plantações no Haiti e Talleyrand jogava na bolsa.

Dado que muitos nobres não dependiam de seus privilégios, não nos deve causar surpresa a existência da chamada "nobreza liberal", isto é, que será partidária da Revolução Francesa. Em contraste, uma nobreza empobrecida (a "plebe nobiliária", nos termos do historiador Albert Mathiez), sobretudo nas regiões montanhosas, costumava ser mais apegada aos privilégios e contrária às reformas. Algumas famílias, inclusive, aliaram-se, por meio de casamentos, a plebeus enriquecidos.

O marquês de Condorcet, chamado de "o último dos iluministas" pelo historiador Jules Michelet, era exemplo dessa diversidade: sobrinho de um bispo jesuíta, que o criou, ele era, apesar do título nobiliárquico e das posições, relativamente empobrecido. Na Revolução Francesa, apesar de sua aparência tímida e calma, teve uma atuação decisiva em defesa do fim dos privilégios, do fim da escravidão e do voto das mulheres – era um "vulcão sob a neve", nas palavras de D'Alembert. Em 1794, foi condenado à morte pelos jacobinos e, provavelmente, se suicidou.

Desde o reinado de Henrique IV (r. 1572-1589), foi instituída também uma "nobreza de toga", isto é, de origem plebeia, mas que se enobrecia com a compra de cargos. Fato bastante esclarecedor: em toda a história da França, jamais houve um título de nobreza posto à venda que não tivesse sido comprado, o que prova como, "ao invés de lutar contra a nobreza, a burguesia busca entrar em suas fileiras", nas palavras do filósofo Louis Althusser.

Mas a presença da nobreza togada, como tudo no Antigo Regime, não era regra. Em regiões como a Borgonha, onde a nobreza era mais coesa, era preciso quatro gerações de donos de terra para ser considerado nobre. Em regiões como o Languedoc, existiam somente 23 barões. Nessas duas regiões, a nobreza vangloriava-se de "proteger" a população contra os impostos da Coroa.

Do ponto de vista dos interesses, o historiador François Furet divide a nobreza pré-revolucionária em três grupos: a nobreza "à polonesa", hostil ao Estado e nostálgica da predominância local; a nobreza "à prussiana", que apoiava a modernização do Estado como forma de monopolizar empregos e cargos militares; e a nobreza "à inglesa", entusiasta de uma monarquia constitucional. Luís XVI, como se viu, cedia ora a um grupo, ora a outro, contribuindo para a fratura dentro das elites dirigentes. Uma tensão, portanto, constituía a relação entre a Coroa e a aristocracia, dado que essa última buscava maior autonomia em relação à monarquia, mas, ao mesmo tempo e paradoxalmente, dependia dela ou se beneficiava dos empreendimentos monárquicos.

A MONARQUIA, A REFORMA E A REVOLUÇÃO *61*

Entre 1781 e 1786, os Éditos de Ségur reservaram as altas patentes militares para a nobreza cuja linhagem remetesse a quatro gerações pelo menos. Por isso, alguns historiadores mencionam que, às vésperas da Revolução Francesa, grupos nobiliárquicos monopolizavam cada vez mais os altos cargos do exército e da Igreja. Embora haja divergências quanto ao alcance desse movimento, é certo que, à época, o papel social da nobreza era cada vez mais questionado por diversos setores da população.

## DA ASSEMBLEIA DOS NOTÁVEIS AOS ESTADOS GERAIS

Os nobres escolhidos apresentaram-se na Assembleia dos Notáveis. Como tinham interesses diversos, estavam profundamente divididos. Assim, não houve acordo com o rei. La Fayette sugeriu ao amigo Thomas Jefferson, em tom de piada, que a Assembleia dos Notáveis (em francês, *Assemblée des Notables*) deveria se chamar Assembleia dos *Not Ables* (em inglês, dos "Incapazes").

Luís XVI demitiu Calonne em abril de 1788. Meses depois, acusado de corrupção, Calonne refugiou-se na Inglaterra. Ele foi substituído pelo arcebispo Loménie de Brienne. Como Brienne era presidente da Assembleia dos Notáveis, Luís XVI esperava uma melhor relação com a Assembleia. O novo ministro propôs um imposto sobre o carimbo e a autorização para as assembleias provinciais cobrarem impostos. Brienne enfrentou a resistência de uma assembleia hostil, que declarava não poder aprovar impostos a não ser que se reunisse a Assembleia dos Estados Gerais da França. A estratégia dos notáveis era forçar o rei a convocar a Assembleia dos Estados Gerais, por meio da qual esperavam conseguir suas demandas de forma mais consistente. Eles imaginavam que essa assembleia funcionaria do mesmo modo que em 1614 (última vez que ela havia sido convocada), com cada ordem (ou estado) com direito a um voto. Pensavam: já que a primeira ordem era composta por representantes do clero, a segunda ordem com os da nobreza e a terceira ordem representava todos os plebeus, os interesses dos nobres e da Igreja estariam garantidos.

Em agosto de 1787, o Parlamento de Paris chegou a ponto de anular uma medida do rei. Em resposta a essa ousadia, seus membros foram exilados para Troyes, onde foram recebidos triunfalmente pela população local.

Na primavera de 1788, Brienne propôs uma reforma mais centralizadora do que aquela de Maupeou: buscava substituir os parlamentos por um tribunal plenário. Em resposta, os parlamentos de Dijon, Rennes, Pau, Rouen, Besançon, Grenoble e Bordeaux exigiram a convocação dos Estados Gerais da França. Em uma *Declaração das leis fundamentais do reino,* os parlamentos condenaram as prisões arbitrárias do rei. A declaração continha termos como "cidadãos" e "direitos da nação". Em 7 de junho de 1788, em Grenoble, as tropas reais foram recebidas com um ataque de pedaços de telhados, no que ficaria conhecido como o "Dia das Telhas".

Enquanto isso, os Estados Unidos finalizavam sua Constituição. Nos Países Baixos, Suíça e Bélgica, poderosos movimentos revolucionários ganhavam fôlego. Piorando ainda mais a situação da monarquia francesa, no dia 16 de agosto de 1788, Brienne anunciou a incapacidade da Coroa em pagar suas dívidas – oficialmente, a bancarrota.

O rei viu-se encurralado. Em 24 de agosto, demitiu Brienne e aceitou o nome que estava sendo imposto por todas as partes: Necker, que ele dispensara sete anos antes. Após o fiasco de uma segunda Assembleia dos Notáveis (entre novembro e dezembro de 1788), Luís XVI enfim aceitou a convocação da Assembleia dos Estados Gerais, marcada para 1º de maio de 1789. Era a vitória da "Revolução Aristocrática" e a primeira conquista da Revolução Francesa.

Uma "ordem" ou "estado" era um grupo definido a partir do estatuto que comporta, isto é, de suas prerrogativas e suas obrigações. Nesse caso, trata-se do sentido original do termo "estado", que remete a *status* ou estatuto. A ideia de "sociedade de ordens" ou "de estados" (as "nações dentro da nação", nas palavras de Voltaire), nesse sentido, representa um mundo estruturado em uma hierarquia de graus distintos segundo a posição, a honra e a dignidade atribuídas pela sociedade a determinadas funções sociais. As ordens, portanto, não eram classes. Por exemplo, o Terceiro Estado, que reunia todos os plebeus, abarcava desde os camponeses mais pobres até os comerciantes mais abastados.

A expectativa da aristocracia de uma aliança entre a nobreza e o clero para garantir a vitória em todas as votações começou a ser perturbada já durante a formação dos Estados Gerais, quando ganharam relevo as primeiras demandas em prol da duplicação dos representantes do Terceiro Estado (fato aceito pela nobreza já em dezembro de 1788) e do voto por cabeça (questão que foi deixada para ser resolvida durante a própria assembleia). Tudo, ao final, correu de forma bem diferente daquilo que fora pretendido pela nobreza. "Eles caminharam suavemente em um carpete de flores rumo ao abismo", disse Ségur.

Já se disse que a Revolução aconteceu porque Luís XVI não era nem déspota nem esclarecido o suficiente – o historiador Jean Jaurès chegou a sugerir que um monarca mais forte teria evitado a Revolução. Contudo, mais importante que discutir a capacidade política do rei é o fato de que o problema que levou à convocação dos Estados Gerais foi menos o "poder centralizado" do que a existência de um poder estilhaçado, ou melhor, de vários poderes "contra" ou "ao lado do" rei. Foi a conformação sociopolítica que tornou o rei incapaz de resolver as contradições a partir dos poderes de que realmente dispunha. Se o rei recuasse, a bancarrota; se avançasse, a oposição.

De um lado, a sociedade francesa estava cada vez mais heterogênea e urbana, enquanto as medidas governamentais caminhavam em direção à unificação das leis e impostos. De outro lado, existia um poderoso e complexo mecanismo de tradições, pluralidades e leis. François Furet sintetiza essa questão: "o Antigo Regime na França era arcaico demais para aquilo que possuía de moderno, e moderno demais para aquilo que possuía de arcaico".

Curiosamente, a Revolução teve início durante uma monarquia reformista, com um monarca menos autoritário que seus antecessores. Ocorre que, como salientou o pensador Alexis de Tocqueville, "o momento mais perigoso para o mau governo é precisamente aquele em que começa a reformar-se". Segundo ele, momentos de reforma são épocas propícias para uma descoberta: a de que tudo aquilo que aparecia como natural e necessário na verdade é contingente e passível de transformação. Afinal, "uma injustiça começa a ser considerada intolerável uma vez que a possibilidade de removê-la cruza as mentes das pessoas". Assim, a reforma, ao mesmo tempo que busca remediar o mal, o expõe a céu aberto, de modo que as "manifestações de arbitrariedade de Luís XVI pareceram mais difíceis de suportar do que todo o despotismo de Luís XIV".

## AS BURGUESIAS

A nobreza foi protagonista no início do processo revolucionário. Contudo, a partir da convocação dos Estados Gerais, entrou em cena com acuidade a "burguesia". Por isso, antes de prosseguir em nossa narrativa, é preciso esclarecer o que significava, na França do século XVIII, ser "burguês".

Não existia um uso circunscrito do termo. Em algumas regiões da Europa, as palavras *burgher* ou *bürger* referiam-se a quem vivia na cidade e gozava de certos direitos. A propósito, ao longo da Revolução Francesa, cerca de 50% dos deputados eram oriundos de cidades com mais de 5 mil habitantes, embora a quantidade de pessoas que viviam nessas condições não ultrapassasse os 20% dos franceses. As cidades, portanto, foram superrepresentadas na política revolucionária.

Os grupos mais pobres, não raro, utilizavam o termo "burguês" como sinônimo de ricos ou empregadores. Já a nobreza usava "burguesia" de forma depreciativa, referindo-se a uma pessoa de modos grosseiros. Com certa frequência, o termo "burguês" era empregado com relação a alguém que vivia de rendas – viviam "nobremente", como se dizia na época. Como prova dessas diferenças em relação aos dias de hoje, Saint-Simon, por exemplo, escreveu: "não foram os industriais que fizeram a revolução, foram os burgueses".

Assim, buscando uma definição mais aproximada dos usos da própria época, incluiremos na categoria "burguesia" quatro grupos: a) aqueles que viviam de rendimentos, como a renda fundiária e alguns funcionários do reino; b) advogados, médicos, cientistas, escritores, artistas e outros profissionais liberais; c) o grupo artesanal e lojista, pequena ou média burguesia vinculada ao sistema tradicional de produção e de trocas; d) banqueiros, comerciantes, financistas e outros grupos enriquecidos. Mesmo no interior dessas categorias havia muitas diferenças: o poderoso comerciante portuário de Bordeaux pouco se parecia com um vendedor ambulante de vila, por exemplo. Além disso, socialmente, a maioria das pessoas se encaixava em mais de uma categoria. Por exemplo, o camponês proprietário poderia também ser lavrador e comerciante, assim como um advogado poderia ser um dono de terras no campo e comerciante.

A burguesia industrial na França era incipiente. Basta lembrar que, em 1789, a Inglaterra possuía 20 mil máquinas de fiar, 9 mil fiandeiras e 200 moinhos industriais. Já a França possuía, respectivamente, 1 mil, 0 e 8. A indústria francesa localizava-se em Rouen, Orleáns, Lyon, Reims, Sedan e Louviers. A burguesia financeira havia crescido em estreita ligação com a Coroa, de modo que muitos de seus membros se casaram com aristocratas, caso dos Helvétius. É preciso destacar também a importância dos banqueiros suíços, como Necker e Clavière, holandeses, como Vandenyver, e ingleses, como Boyd. No que diz respeito à burguesia comercial, destacam-se os já referidos grupos ligados ao comércio colonial. Dentre os artesãos, alguns tinham o ofício livre, enquanto outros eram organizados em corporações cujos mestres (ou seja, os chefes dos ateliês) estavam sujeitos a regulamentos de preços e salários.

Dito isso, quando os historiadores mencionam "líderes burgueses" da Revolução, em geral eles se referem à pequena burguesia de juízes, procuradores, notários, oficiais de justiça, homens de letras e, principalmente, advogados, como Robespierre, Desmoulins e Brissot, ou médicos como Tronchin, Guillotin e Cabanis.

Os comerciantes tiveram papel reduzido entre os líderes revolucionários, jamais ultrapassando 14% dos deputados em nível nacional, embora tenham dominado os conselhos locais de grandes cidades como Amiens, Bordeaux, Nancy e Toulouse. Em cidades menores, as elites agrárias tenderam a perpetuar-se no poder. Compreendidos esses aspectos, podemos voltar à história dos Estados Gerais da França.

## A ELEIÇÃO DOS ESTADOS GERAIS

Após o anúncio da Assembleia dos Estados Gerais para maio de 1789, iniciou-se a votação para a escolha de seus membros. Nesse ínterim, o rei decretou a liberdade de imprensa a fim de recolher informações sobre a situação do reino.

A França entrou em estado de excitação. Entre 1787 e 1788, foi publicada uma média de 40 panfletos por mês, já nos meses que antecederam o início da assembleia esse número subiu para 100. As publicações informavam sobre os acontecimentos políticos, difundiam boatos e vigiavam os poderosos, daí nomes de panfletos como *O tribuno*, *A sentinela* ou *O olhar vigilante*.

Em meio à cacofonia de opiniões, o panfleto mais conhecido, do abade Emmanuel de Sieyès, chamava-se *O Que é o Terceiro Estado*: "o que é o Terceiro Estado? Tudo – mas um todo entravado e oprimido. Que seria ele sem a ordem privilegiada? Tudo, mas um todo livre e florescente. Nada se pode fazer sem ele, tudo se fará infinitamente melhor sem os outros [...]. O Terceiro Estado abarca, assim, tudo o que pertence à nação; e tudo o que não é do Terceiro Estado não se pode considerar como sendo da nação". A "nação", dizia, era um "corpo de associados vivendo sob uma lei comum e representados por uma mesma legislatura".

Enquanto isso, a autora anônima do panfleto *Do destino dual das mulheres* afirmou que "a metade da espécie humana está privada de seus direitos naturais e definha num estado que se aproxima da escravidão". Ela defendeu, então, aquilo que seria a principal reivindicação das mulheres na Revolução Francesa: o direito ao divórcio.

Entrou em cena também o *Le Père Duchesne* (o Pai Duchesne). Ao longo da Revolução e mesmo depois dela, uma série de jornais, de diversos autores, foram publicados sob esse nome. O pai fictício era uma representação do homem do povo, ávido por denunciar os crimes e as injustiças. Apesar de a tradição ter sido iniciada por Antoine-François Lemaire, foi o boticário Jacques Hébert o principal nome a publicar sob a alcunha de Duchesne: "Juramos estrangular, não importa como, até o último dos tiranos", diria em julho de 1791. Em resposta, os adversários dos revolucionários criariam a figura da *Mère Duchesne* (a Mãe Duchesne), a esposa do Père Duchesne, que descrevia a revolução como uma invenção dos intelectuais contra "o bom senso do povo". Não deixa de ser sintomático, claro, o fato de os grupos contrarrevolucionários recorrerem aos métodos revolucionários e à opinião pública para alcançar os próprios objetivos.

Durante as eleições, os membros das três ordens elaboraram, a pedido de Luís XVI, uma série de textos com as demandas de seus grupos, os Cadernos de Queixas. Neles, eram demandas comuns às três ordens: Assembleia dos Estados Gerais convocadas periodicamente, liberdade de imprensa e autonomia local. Críticas à servidão e, principalmente, ao dízimo apareceram muito nos cadernos. Já críticas à propriedade privada ou à monarquia não foram expressivas. Os cadernos demonstravam uma busca por reforjar, e não romper, o elo entre monarquia e povo.

Paralelamente, insufladas pela carestia e pelo custo do pão, insurreições tomaram o reino. Luís XVI ordenou ao barão de Besenval, general suíço, o uso da força contra os sediciosos próximos de Varennes, resultando na morte de 300 manifestantes. A mais célebre revolta popular se deu no subúrbio de Saint-Antoine de Paris, entre 26 e 28 de abril, após o rumor de que um manufatureiro de papéis pintados, Jean-Baptiste Réveillon, teria se queixado dos altos salários de seus trabalhadores. Sua efígie foi erguida, decorada e queimada sob as janelas da prefeitura.

A complexidade da votação da Assembleia dos Estados Gerais da França pode parecer estranha para nós, acostumados com regras eleitorais uniformes. Elas são reveladoras, contudo, da natureza do Antigo Regime.

Comecemos pelas eleições do clero e da nobreza. A França estava dividida em "bailados", circunscrições eleitorais que remontavam à época de Felipe Augusto, nos séculos XII e XIII. Enquanto as assembleias dos bailados primários elegiam pessoas para participar diretamente dos Estados Gerais, os bailados secundários enviavam um quarto de sua própria assembleia à do bailado primário. Em alguns bailados, as eleições poderiam ocorrer em três fases, ou seja, os representantes nomeavam os eleitores que, por sua vez, iriam nomear os enviados para a Assembleia dos Estados Gerais. Todos os membros da nobreza hereditária foram admitidos na assembleia de bailado de sua ordem, pessoalmente ou através de procuradores; os nobres sem terras, contudo, não foram convocados. No caso do clero, os bispos e sacerdotes foram admitidos em seus bailados pessoalmente ou através de procuração. Três quartos dos membros eleitos pela primeira ordem eram curas, isto é, membros do baixo clero.

No caso do Terceiro Estado, a situação era mais complicada. Nas cidades, a eleição primária era feita por "corporações de trabalhadores". Quem não fazia parte de nenhuma corporação, reunia-se separadamente. Em alguns lugares, apenas os mestres das corporações participaram. Em Paris, contudo, a votação foi por bairros, com a condição de que apenas aqueles que pagavam 6 libras de capitação fossem eleitores. Nesse caso, esses grupos elegiam delegados que, por sua vez, elegiam os representantes para a assembleia de bailado que nomearia os deputados. Nos campos, eram admitidos nas assembleias homens com mais de 25 anos que pagassem impostos, o que era um sufrágio, na prática, muito amplo. As paróquias enviavam um delegado para cada cem casas à assembleia do centro administrativo.

Não havia, no Antigo Regime, a ideia de "voto individual" (lembremos que o voto com cabine e envelope seria feito pela primeira vez na França em 1914). Os eleitores, em todos os graus, votavam *em assembleia*. Além disso, não se votava em "programas" ou "partidos" (estes esperariam o século XIX para ser inventados), mas em indivíduos bem posicionados nas redes familiares e sociais com alguma posse e reputação, como Robespierre. Por isso, não surpreende que o Terceiro Estado tenha elegido sobretudo pequenos burgueses (advogados, principalmente), além de "nobres liberais" (isto é, favoráveis ao fim dos privilégios) – como o conde de Mirabeau, La Fayette, o visconde de Noailles, o duque d'Aiguillon e Alexander de Lameth – e três sacerdotes – como o abade de Sieyès, o bispo Charles-Maurice Talleyrand e o abade Grégoire.

Ao final das eleições, 218 membros representando o Terceiro Estado eram juízes ou magistrados, 181 advogados e 100 eram manufatureiros ou comerciantes. Os demais eram, em geral, médicos, professores e letrados. A renda média dos integrantes do Terceiro Estado era estimada em 7 mil libras por ano, cerca de 1/8 ou 1/9 da renda dos membros da nobreza.

Cabe, por fim, ressaltar o caso da Bretanha. A nobreza bretã, mais dependente de seus privilégios, negou-se a fazer concessões ao Terceiro Estado. Devido a isso, conflitos ocorreram nas ruas de Rennes e Nantes. No fim das contas, os nobres bretões sequer elegeram deputados, ao passo que a delegação do Terceiro Estado da Bretanha seria uma das mais fervorosamente revolucionárias.

Em maio de 1789, finalmente, teve início a Assembleia dos Estados Gerais, um mês após a posse de George Washington nos Estados Unidos.

# Dos Estados Gerais aos Direitos do Homem

(Maio de 1789 – Dezembro de 1789)

### A ABERTURA DA ASSEMBLEIA DOS ESTADOS GERAIS

Em maio de 1789, iniciou-se a Assembleia dos Estados Gerais da França, com os representantes dos três estados. No dia 2, o rei recebeu os membros do clero (291 deputados, sendo 208 simples párocos) de portas fechadas e, de portas abertas, os membros da nobreza (327 deputados) vestidos com mantos com detalhes dourados e chapéus enfeitados com plumas brancas. Vestidos de preto, como ditava a tradição, os 610 membros do Terceiro Estado não chegaram a ser recebidos pelo rei.

Em referência aos ingleses, os homens do Terceiro Estado se autodenominavam "os comuns" e elegeram o astrônomo de Paris, Jean Bailly, como seu diretor. Na abertura dos trabalhos, sua principal reivindicação, o voto por cabeça, ainda não estava decidida.

No dia 4 de maio, a missa inaugural foi celebrada na igreja Saint-Louis pelo bispo de Nancy, monsenhor La Fare. Em seu sermão, o bispo condenou tanto as críticas dos filósofos quanto os excessos da nobreza.

No dia seguinte, na sessão de abertura, Luís XVI esteve presente usando um manto estampado com a flor-de-lis (símbolo dos Bourbon) e um chapéu de plumas em que brilhavam os 137 quilates do mais belo diamante da Coroa, o *Régent*. Ao longo das reuniões, rei jamais abrandaria a etiqueta, tampouco deixaria de fazer suas caçadas regulares. Em seu discurso inaugural, Luís XVI lembrou o papel limitado dos Estados Gerais. Em seguida, falou Necker. Muitos esperavam que ele apresentasse um grande "plano" para a França. Amarga decepção: o ministro fez um discurso de três horas, no qual relembrou o déficit do Estado francês e salientou a necessidade de os privilegiados fazerem concessões.

No Café Amaury, de Versalhes, os bretões do Terceiro Estado se reuniam no que depois ficaria conhecido como o Clube Bretão. O Clube Bretão atrairia membros de outras regiões da França, tornando-se um núcleo de reunião do Terceiro Estado. Em outubro de 1789, o Clube passou a chamar-se Sociedade dos Amigos da Constituição, e instalou-se no Convento dos Jacobinos, na rua Saint-Honoré, em Paris. De início, faziam parte da Sociedade Robespierre, Sieyès, Barnave, Brissot e Condorcet. Posteriormente, a Sociedade ficaria conhecida como "Clube dos Jacobinos."

## A REVOLUÇÃO PARLAMENTAR

As expectativas de muitos do Terceiro Estado eram bastante altas, tanto que, já nos primeiros dias, levaram a cabo três "atos revolucionários" que subverteram as noções tradicionais de legitimidade política.

No dia 10 de junho, Sieyès propôs que os grupos privilegiados se juntassem ao Terceiro Estado, ao que obteve o apoio do primo de Luís XVI, duque de Orleáns, o "Felipe Igualdade", um pretendente ao trono, cotado como possível sucessor de Luís XVI (seus herdeiros até hoje pretendem ser reis da França).

Uma semana depois, por proposta de Sieyès, veio à luz o primeiro ato revolucionário: o Terceiro Estado proclamou a si próprio, por 491 votos contra 89, "Assembleia Nacional" autodeclarada "una e indivisível", "representando 97% da nação", de onde emanariam as leis que deveriam reger a

DOS ESTADOS GERAIS AOS DIREITOS DO HOMEM *71*

todos. Isso significava a rejeição da ideia de que a nação fosse constituída por "corpos privilegiados". Ao avaliar esse ato, madame de Staël, filósofa e filha de Necker, foi categórica: ele "era a própria Revolução". Significava que as instituições que governam o povo não teriam mais sua fonte e legitimidade no campo sagrado ou em uma linhagem tradicional, mas no próprio povo em seu presente constantemente renovado. A soberania, emancipada dos céus e da tradição, era então criada, reafirmada e mantida pelo povo por meio de seus representantes.

Junto à proclamação, o Terceiro Estado exigiu explicitamente o voto por cabeça e a admissão de todos os homens aos cargos públicos. Dois dias depois, o clero, por 149 votos contra 137, uniu-se à Assembleia Nacional – já que boa parte dos deputados da primeira ordem eram do baixo clero, não devemos estranhar a adesão de muitos deles às demandas do Terceiro Estado.

Em 20 de junho, Luís XVI, para anular as decisões do Terceiro Estado, ordenou o fechamento do salão dos Menus-Plaisirs, onde se reunia a Assembleia Nacional. O médico e deputado Joseph-Ignace Guillotin, então, propôs que os deputados dessa assembleia se reagrupassem no Salão do Jogo da Pela. Nesse local, os deputados levaram a cabo o segundo ato revolucionário: juraram dotar a França de uma Constituição. Bailly liderou o juramento de pé numa mesa. Tratou-se de um segundo ato revolucionário: os deputados preteriram sua lealdade para com a monarquia e constituíram, por meio de um juramento, um novo contrato social. O monarca deveria submeter-se às novas regras do jogo, que seriam registradas em uma Constituição. A delegação de senhores brancos do Haiti, que Luís XVI havia proibido de juntar-se aos Estados Gerais, aproveitou o momento para aderir à causa do Terceiro Estado.

No dia 23 de junho, o rei prometeu aceitar a igualdade fiscal e o voto por cabeça, mas apenas "em casos de interesse geral" (o que, na prática, era uma forma de assegurar diversos privilégios). Em troca dessas concessões, exigiu o fim da Assembleia Nacional. A reação do rei, como de costume, era ambígua: buscava, a um só tempo, fazer reformas *e* defender a ordem tradicional e a aristocracia.

Mas já não era tempo de compromisso. Sieyès endereçou um recado aos colegas do Terceiro Estado: "vós sois hoje o que eram ontem", isto é, uma Assembleia Nacional. O deputado Mirabeau foi mais enfático: "só sairemos daqui pela força das baionetas". No dia 24 de junho, 47 membros da nobreza, liderados pelo duque de Orleáns, se uniram à Assembleia Nacional.

No dia 4 de julho, a Assembleia votou pela inclusão de seis colonos do Haiti no Terceiro Estado. Posteriormente, os senhores de terras escravistas do Haiti criaram o Clube Massiac para defender seus próprios interesses na Revolução. Alguns deputados abolicionistas incomodaram-se com a presença do que chamaram de "os aristocratas da pele".

Em 9 de julho, os deputados consumaram o terceiro ato revolucionário: a Assembleia Nacional adotou o nome de "Constituinte". Sieyès já havia feito a distinção entre poderes constituintes e constituídos: enquanto os primeiros definiriam os princípios gerais da nação, os segundos apenas atuariam em função das regras estabelecidas. Nas palavras deputado Mounier: "o rei não pode dar consentimento à Constituição, pois a Constituição é anterior à monarquia". Thomas Paine, em *Os Direitos do Homem*, afirmou, no mesmo espírito, que "uma Constituição não é o ato de um governo, mas de um povo que constitui um governo". Assim, a própria noção de Constituição era redefinida no processo revolucionário.

É preciso lembrar, contudo, que, nesse momento, ainda eram pouquíssimos os que pediam o fim da monarquia e novas eleições. A ideia hegemônica era de que fossem os próprios deputados eleitos para os Estados Gerais os encarregados de elaborar a nova Constituição. A Revolução, até esse momento, era parlamentar e constitucional.

Os deputados constitucionalistas tinham dois receios. Um deles era de que o rei se mobilizasse para restaurar a ordem pré-1789. Outro era ocorrer um levante da população mais pobre, despertado pelo aumento dos preços e pelo inverno rigoroso. Os dois medos se tornariam realidades.

## O 14 DE JULHO E A REVOLUÇÃO EM PARIS

Às vésperas da Revolução Francesa, cerca de 75 mil dos 600 mil habitantes de Paris eram pequenos artesãos ou lojistas. Vigorava nesse grupo uma grande diversidade, envolvendo desde artesãos mais abastados até aqueles que viviam na linha da pobreza. Em geral, o artesão, um pequeno proprietário, trabalhava em casa, fora da fiscalização do negociante; algumas vezes contratava companheiros e atuava como pequeno patrão. Os operários (na maioria dos casos, um ou dois) e aprendizes, sem que isso fosse uma regra absoluta, viviam sob o teto de patrão. Nas populações urbanas, o "assalariado de clientela" constituía o grupo mais numeroso: diaristas,

DOS ESTADOS GERAIS AOS DIREITOS DO HOMEM **73**

jardineiros, carregadores de água ou de lenha e biscateiros. Nas más estações, camponeses juntavam-se a eles.

Naqueles tempos, Paris era muito diferente do que se tornaria no século XIX. Nem os bulevares, nem a torre Eiffel existiam. O centro da cidade era composto por um labirinto de ruas estreitas, repletas de carruagens, pedestres, homens levando seus cavalos e vendedores oferecendo desde água até serviços de dentista. Restif de La Bretonne anotou que, no "bárbaro e gótico centro de Paris", as ruas são tão estreitas que as pessoas "só conseguem passar se abraçando".

O principal alimento da população era o pão, feito de centeio, de trigo mourisco ou de uma mistura de trigo, centeio e cevada. O pão era frequentemente consumido embebido numa sopa de couve ou toucinho, e a bebida privilegiada era o vinho, tomado com água ou puro. Nos campos, a sopa era consumida no café da manhã, ao passo que nas cidades crescia lentamente o hábito do café com leite em lugar da sopa matinal. Com sorte, era possível comer carne, mas apenas umas poucas vezes ao ano. A conhecida "cozinha burguesa francesa" é do século XIX e, em grande parte, efeito imprevisto da Revolução, dado que cozinheiros das casas aristocráticas, sem o nobre protetor, acabariam precisando abrir os próprios restaurantes.

A maioria da população moía os grãos em casa; as padarias, em ascensão, ainda eram reservadas aos menos favorecidos, que precisavam comprar pão pronto. O povo convivia com a permanente ansiedade de saber se os celeiros estavam abastecidos. O comércio de grãos era fortemente regulamentado de maneira que não era possível vendê-los antes da colheita e, na hora da compra, os camponeses deveriam ser os primeiros a adquirir os produtos, seguidos pelos padeiros e, por fim, os comerciantes. A exportação de grãos, por isso, raramente ultrapassava os 2% da colheita.

Nas grandes e médias cidades, o século XVIII viu um aumento dos conflitos nos locais de trabalho após 1760 devido à carestia, à alta dos preços e às extenuantes jornadas de trabalho. Entre 1761 e 1789, foram 36 confrontos em Nantes e 18 em Lyon contra, respectivamente, 18 e 7 nas seis décadas anteriores. Entre 1781 e 1789, ocorreram 35 conflitos na cidade de Paris. Em geral, os trabalhadores reivindicavam liberdade de colocação no mercado de trabalho fora dos controles das guildas, pagamentos mais frequentes e condições de moradia mais adequadas.

Como se viu, durante o reinado de Luís XVI, Turgot, Calonne e Brienne promoveram a livre exportação de grãos. Isso levou, em 1788, a um significativo aumento dos preços. A situação se tornaria dramática, sobretudo, em julho de 1789, às vésperas da colheita. Nessa atmosfera de pauperismo, dois boatos percorreram Paris. Dizia-se que havia um grande complô aristocrático, o que incluía uma invasão de países estrangeiros, para esmagar a Assembleia Constituinte. Dizia-se também que a nobreza escondia grãos para alimentar apenas os próprios filhos. Diante da situação, Camille Desmoulins alertou: "É o alarme para uma noite de São Bartolomeu dos patriotas", referindo-se aos massacres nas guerras entre católicos e protestantes do século XVI.

Para piorar o clima, em 11 de julho de 1789, chegou a Paris a notícia de que Luís XVI iria demitir Necker para cercar-se de ministros autoritários como o barão de Breteuil, Puységur e Broglie. Em resposta, o jovem advogado Camille Desmoulins, de pé sobre uma mesa de café no Palais Royal, com uma pistola em cada mão, chamou o povo para o combate. Formaram-se aglomerações também em torno de Jean-Paul Marat, homem de letras de origem pobre e suíça. Aos 46 anos, ele discursou contra a aristocracia segurando na mão um exemplar do *Contrato social*, de Rousseau. Marat era conhecido pelo seu jornal *L'Ami du peuple* (O amigo do povo), fundado em setembro do mesmo ano.

Nesse clima de tensão, soldados do príncipe de Lambesc mataram manifestantes nos jardins das Tulherias. Em resposta, os parisienses queimaram a Arrecadação Geral de Impostos e tomaram os depósitos de grãos. Quarenta das 54 barreiras de acesso em Paris estavam em chamas, enquanto os guardas franceses recusavam-se a obedecer aos agentes do rei.

No dia 13 de julho, Paris passou a ser governada por uma Comuna (termo que remete a autogestão "comum" e autônoma e uma localidade), isto é, 120 deputados eleitos, 2 por distrito da cidade. Cada bairro ou distrito teria de fornecer homens às milícias populares. Outras Comunas se formaram nas cidades de Lille, Mauberge e Cherburg. No dia 14 de julho, o Palácio dos Inválidos foi invadido e 40 mil fuzis repartidos entre os insurgentes. Rumores diziam que na Bastilha havia mais armamentos. Em 1789, essa prisão, que se localizava entre o bairro operário de Saint-Antoine e o bairro rico do Marais, contava apenas com 7 presos (o célebre marquês de Sade havia sido retirado de lá havia oito dias).

A multidão, então, atacou a Bastilha. Foram oficialmente reconhecidos 953 homens e uma mulher (a lavadeira Marie Charpentier) como "os conquistadores da Bastilha". Entre eles, 661 eram artesãos. O mais velho tinha

72 anos e o mais jovem, 8. O diretor da Bastilha, De Launay, foi morto e os manifestantes desfilaram com sua cabeça na ponta de uma lança. O mesmo foi feito com a cabeça de Jacques de Flesselles, prefeito de Paris.

Bailly foi nomeado prefeito da cidade e La Fayette tornou-se chefe da recém-criada Guarda Nacional de Paris (iniciativas de uma Guarda Nacional feminina, sugerida por madame Mouret, foram rechaçadas). A cocarda (a insígnia circular) com cores de Paris, isto é, vermelho e azul, além do branco, referente à dinastia Bourbon, tornou-se o símbolo da Guarda Nacional (a associação das três cores com a "Liberdade, Igualdade e Fraternidade" é posterior). O verde, tradicionalmente associado à liberdade, foi descartado, provavelmente por ser a cor do reacionário conde de Artois. Na esteira dos acontecimentos de Paris, outras Guardas Nacionais seriam formadas no país.

No dia 15 de julho teria acontecido o diálogo (provavelmente apócrifo) entre Luís XVI e o grão-mestre do Guarda Roupa, o duque de La Rochefoucauld-Liancourt: "É uma revolta?", perguntou o rei. "Não, *sire*, é uma revolução", respondeu o duque.

A gravura *O despertar do Terceiro Estado* representa a nobreza e o clero alarmados com o levante do povo, que quebra as próprias correntes. A expressividade, a inversão de papéis e a suspensão de hierarquias remetem à antiga tradição do carnaval – com uma diferença: não haveria uma quarta-feira em que as coisas voltariam ao "normal".

## LIBERDADE, IGUALDADE E FRATERNIDADE

O lema "Liberdade, Igualdade e Fraternidade" aparece escrito, pela primeira, em um texto de Robespierre, *Discurso sobre a organização das guardas nacionais,* de dezembro de 1790. A divisa foi retomada no Clube dos Cordeliers em 1791, relembrada na Festa da Liberdade de 1792 e adotada pelo prefeito de Paris, Jean-Nicolas Pache, em 1793. Embora tenha sido lembrada também em 1794, quando da abolição da escravidão, o lema só se tornaria divisa oficial da França em 1848, durante a Primavera dos Povos.

Diante dessa conjuntura, fugiram da França o irmão mais novo do rei, o conde de Artois, e os príncipes de Condé e de Conti, tornando-se emigrados (*émigrés*). Ao longo da Revolução, cerca de 150 mil pessoas emigrariam da França, número que envolve não apenas nobres (16,8% dos emigrados) e clérigos (25,2% dos emigrados), mas também muitos burgueses (17,3%), trabalhadores pobres (14,3%) e camponeses (19,4%).

Em carta enviada a seu primo e rei da Espanha Carlos IV, Luís XVI escreveu que seu poder foi "arrancado pela força desde 15 de julho". De fato, a movimentação popular obrigou Luís XVI a ceder: em 17 de julho, o rei mais uma vez nomeou Necker ministro e dirigiu-se a Paris, onde foi recebido por Bailly e La Fayette. Nenhum dos dois se ajoelhou perante o monarca. No encontro, o rei utilizou o traje preto do Terceiro Estado e a insígnia tricolor e prometeu amar o povo. Após isso, o monarca voltou a Versalhes para lidar com as demandas da Assembleia.

O povo de Paris garantiu a continuidade da Revolução Francesa. Nos dias seguintes, novas manifestações tomaram o reino. Em alguns lugares, como Tours, Nîmes e Montpellier, criaram-se pacificamente comitês para dirigir as prefeituras. Em outros, como Bordeaux, Caen e Estrasburgo, as prisões locais foram tomadas e as prefeituras pilhadas. Na Martinica, colônia francesa, houve relatos de escravizados que se recusaram a trabalhar, alegando alto e bom som que agora eram livres.

No dia 22, em Paris, um oficial da Coroa, Foulon de Doué, foi decapitado pelo povo, acusado de especular sobre o preço dos grãos. Seu enteado, Louis Bertier, intendente de Paris, também perdeu a cabeça. A cabeça do enteado foi confrontada com a cabeça do padrasto diante dos manifestantes que gritavam "beija papai!".

Apenas no dia 27 de julho foram registrados 145 episódios de protestos e confrontos. Quando os relatos desses eventos chegaram aos Estados Gerais, várias lideranças demonstraram apoio aos populares. O deputado do Terceiro Estado Antoine Barnave pontuou: "era tão puro assim esse sangue derramado?". Em Paris, Marat foi categórico: os privilegiados jamais teriam cedido "não fossem as cenas de sangue que sucederam à queda da Bastilha". Como se não fosse suficiente, nesse momento, outro grupo, o mais numeroso, entra em cena: os camponeses.

## A REVOLUÇÃO NOS CAMPOS

Em 1789, os camponeses compunham 80% da população francesa e a riqueza rural representava três quartos da renda nacional. Eles eram, em sua maioria, livres, vivendo como diaristas, pequenos proprietários, meeiros, arrendatários ou locatários. Cerca de um terço da terra conservava-se na posse de milhões de agricultores. As grandes propriedades eram raras e as terras comunais ainda eram realidade em boa parte do reino.

Porém, os camponeses só faziam uso de suas terras estando sujeitos a encargos sobre o que produziam. Além dos impostos destinados à Coroa, o campesinato era constrangido pelos "direitos senhoriais", dentre os quais a justiça senhorial, os direitos exclusivos de caça e de pesca, os monopólios senhoriais (forno de assar e moinho, por exemplo) e a corveia.

O imposto mais criticado pelos camponeses nos Cadernos de Queixas era o dízimo, destinado ao clero, que pesava sobre o trigo, o centeio, a cevada, a aveia, os legumes e as frutas. Contudo, a demanda dos camponeses não era pelo fim do dízimo; na verdade, queriam que ele fosse utilizado pela Igreja para manter o culto e ajudar os pobres, em vez de beneficiar bispos.

Especialistas no direito senhorial, os "feudistas" trabalhavam para os senhores buscando na lei direitos que eles poderiam aumentar ou restabelecer. Tais direitos, aliás, poderiam ser comprados por negociantes, os quais, a fim de tornar seu negócio rentável, ampliavam as cobranças e estimulavam a produção para o mercado. Historiadores enxergaram nesse processo a penetração de práticas capitalistas no campo com uma máscara "feudal".

Contudo, os direitos senhoriais incidiam de forma diversa em regiões distintas: mais opressivos na Bretanha, eles eram mais leves, por exemplo, em Flandres. A servidão, inexistente na maior parte do território, era realidade no Franco-Condado, Borgonha e Nivernais. Estima-se um total de 1 milhão e 500 mil servos na França pré-revolucionária. Embora 30% do solo francês estivesse nas mãos do campesinato, na Alsácia, Flandres, Bocage normando, Limousin, vale do Loire, nas planícies do Saône e do Garrone, algo entre a metade e três quartos do solo era dos camponeses. Já perto de Versalhes, a proporção chegava a 1% ou 2%.

O flagelo das más colheitas era uma constante, seja devido a um verão seco, seja devido a um inverno rigoroso: 1709, 1740, 1767, 1771 e 1784, por exemplo, foram anos catastróficos. Nas moradias, as famílias se apinhavam em uma ou duas camas e se cercavam de animais domésticos, uma forma de se manterem aquecidos. Cerca de 45% dos franceses morriam antes da idade de 10 anos. Em períodos de carestia, bebês que não podiam ser alimentados poderiam ser sufocados ou expostos para adoecerem, como exemplifica o conto camponês *O pequeno polegar*, registrado por Charles Perrault em 1690. A história narra a vida de um lenhador e sua mulher, que tinham sete meninos. Em um ano muito difícil, eles se livraram dos filhos.

Dito isso, não se deve supor um campesinato inerte diante dos problemas: os historiadores contabilizaram cerca de 8.500 revoltas camponesas na França na segunda metade do século XVII e no século XVIII. Geralmente, as revoltas não culpavam o rei pelas extorsões; dizia-se, por exemplo, que ele havia sido enganado por um mau oficial.

Como quer que seja, as insurreições camponesas do ano de 1789 representaram a entrada dos camponeses na Revolução. Em 1788-1789, por exemplo, o inverno foi terrível e a colheita péssima. O rio Sena, em Paris, cobriu-se de gelo. Para piorar, os mercados foram prejudicados pela guerra que a Turquia declarara contra a Rússia e a Áustria. Nesse contexto, os preparativos que envolveram as eleições dos Estados Gerais suscitaram a esperança de alguma ação efetiva pelos desfavorecidos.

Essas esperanças, contudo, logo foram frustradas. Com a persistência da fome, na primavera de 1789, camponeses insurgiram-se em Toulon e Marselha, na alta Provença, no vale de L'Avance, na região de Gap, em Cambrai, Cambrésis e na Picardia. No começo do verão, o movimento ganhou força. O grande castelo de Senozan, do irmão de Talleyrand, foi destruído. Nas proximidades de Versalhes, os camponeses massacraram coelhos (símbolos do direito senhorial à caça), fecharam pombais e dispararam contra os guardas.

Entre 20 julho e 6 agosto de 1789, por 17 dias, uma atmosfera de pânico, chamada de "Grande Medo", tomou as regiões de Nantes, Maine, Franco-Condado, Champagne, Clermontois e Angoulême. Para o historiador Lefebvre, a origem desse pânico era a suposição de que uma corja de aristocratas parasitas havia contratado bandidos e estaria estocando alimentos, ou seja, estaria em curso um "complô aristocrático". Mais recentemente, o historiador Timothy Tackett demonstrou que o medo específico do complô, embora existente em Paris, foi sobretudo *posterior* aos dias do Grande Medo. Para Tackett, o que causou a atmosfera de pânico foi muito mais o temor de supostos "bandidos" (termos mais utilizados eram *brigands* e *bandits*), que atacariam e roubariam o "trigo verde" das colheitas. O medo dos "bandidos" era alimentado por histórias falsas sobre evasões de prisões e de condenados que escaparam das galés. Os boatos eram difundidos pelos viajantes ou pelos correios, o que leva o historiador Georges Lefebvre a falar em uma "gigantesca notícia falsa" no reino.

Nesse clima de temor, em 19 de julho, os camponeses festejavam o regresso de Necker ao castelo de Quincey, no Franco-Condado, quando ocorreu uma explosão acidental de pólvora. O senhor do castelo foi acusado de sabotagem e uma revolta eclodiu no Franco-Condado. A partir dela, diversas outras se desenvolveram: alguns castelos foram queimados, arquivos que legitimavam a cobrança de direitos senhoriais foram incinerados e várias cercas foram derrubadas.

Não há registro de qualquer coordenação, programa claro, unidade ou "intenção" por trás da propagação de notícias que levaram a população rural a sentir tanto medo e, muitas vezes, reagir a ele. Mesmo assim, tal medo estava longe de ser uma "irracionalidade das multidões". Pelo contrário, ele relacionava-se com duas realidades: por um lado, a penúria vivida pelos camponeses, intensificada pelas oscilações provenientes das liberações das exportações de Luís XVI; por outro, a figura dos "bandidos", que de fato atacavam as plantações na época das colheitas. E sabemos que esses "bandidos", à época criminalizados, eram pessoas exasperadas pela miséria, muitas das quais mulheres (somente em 1780, 3.670 mulheres que contrabandeavam sal foram presas em Laval) e homens sem trabalho. O medo, assim, cimentava descontentamentos que, em suas raízes, nada tinham de "notícias falsas".

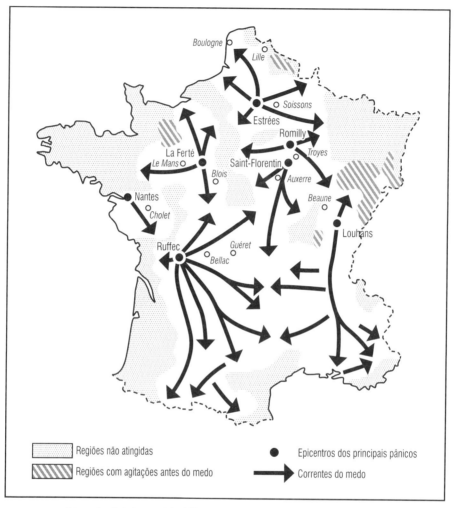

Mapa dos "pânicos originais" e as suas propagações no "Grande Medo"

No fim as contas, embora o número de nobres mortos e de castelos queimados tenha sido relativamente pequeno, o impacto da revolta camponesa foi imenso. A destruição dos arquivos senhoriais deixou alguns membros da nobreza sem provas legais para sustentar os seus privilégios enquanto os preços dos gêneros alimentícios aumentaram, desencadeando mais fome e rebelião também nas cidades.

Desse modo, assim como a Revolução em Paris obrigou o rei a aceitar a Assembleia Nacional, a Revolução Camponesa forçou os deputados (alguns dos quais tiveram suas propriedades queimadas) a fazerem novas concessões.

## OS DIREITOS DO HOMEM E DO CIDADÃO

Em resumo: entre junho e julho de 1789, o governo reformista de Luís XVI viveu uma revolução jurídica na Assembleia dos Estados Gerais, a qual alterou profundamente as relações entre soberania, nação e Constituição. As possibilidades de reação monárquica foram impedidas por revoltas campesinas e citadinas simultâneas que asseguraram o triunfo da revolução parlamentar e inviabilizaram um retorno ao Antigo Regime.

Não há dúvidas de que o fato mais marcante de 1789 foi a Revolução Camponesa, que catalisou mais um ato revolucionário na Assembleia Constituinte. No dia 4 de agosto, o Clube Bretão propôs "utilizar uma espécie de mágica para destruir todos os privilégios das classes, províncias, cidades e corporações". Dois membros da nobreza, visconde de Noailles e duque d'Aiguillon, então, propuseram a lei de "Fim do Feudalismo". (A ideia de "feudalismo", na Revolução Francesa, operava albergando diversos tipos privilégios e desigualdades aos quais os revolucionários se opunham. O termo, portanto, não deve ser confundido com o feudalismo histórico.) A proposta foi aceita e vários direitos senhoriais acabaram suprimidos. Direitos de mão-morta, corveias e taxas pessoais foram extintos sem indenização. Já as banalidades, direitos de medição e sobre vendas de cereais, o dízimo e as taxas reais foram declarados resgatáveis, isto é, exigiam um pagamento por parte dos camponeses, o resgate, que só foi abolido em 1793. Seguindo uma proposta do visconde de Beauharnais, foram estabelecidas a igualdade de penas, a admissão de todos os cidadãos às funções públicas e a abolição da venalidade dos cargos. Em contrapartida, é preciso lembrar que as regiões da França que gozavam de isenções de impostos e outros tipos de privilégio (vimos que não era apenas a nobreza e o clero que gozavam de isenções) passariam agora a pagar taxações na mesma proporção que o restante do reino.

Enquanto a Assembleia, que não cogitava o fim da monarquia, proclamava Luís XVI como "regenerador da liberdade", o rei, em carta privada ao arcebispo de Arles, afirmara que protegeria o "seu" clero e a "sua" nobreza.

O comitê de Constituição da Assembleia propôs que a futura Constituição da França fosse precedida de uma declaração de direitos. O abade de Sieyès defendia a redação de um longo tratado sobre a natureza humana no lugar de uma simples declaração. Por sua vez, partidários do Antigo Regime, como o bispo de Auxèrre e Malouet, opunham-se a qualquer tipo de declaração de direitos: "por que propor direitos se eles apenas podem ser exercidos sob justos limites?". Em resposta, o abade Grégoire disse: "para mostrar aos homens não apenas o círculo no qual eles podem se mover, mas também os limites que eles não podem transpor". Grégoire queria incluir também uma declaração de deveres, mas seus pares argumentaram que isso seria redundante, dado que direitos e deveres são correlatos. Por 570 votos contra 433, a proposta de inclusão de uma declaração simples e clara foi vitoriosa. Assim, no dia 26 de agosto de 1789, viriam à luz os 17 artigos da Declaração de Direitos do Homem e do Cidadão.

O que eram "direitos do homem"? No século XVIII, falava-se com mais frequência em "direitos naturais", em vez de direitos do homem ou direitos humanos. Diderot, em 1755, afirmara que a noção de "direitos naturais" (direito à liberdade, à igualdade jurídica e à propriedade privada) era "tão familiar que ninguém deixaria de ficar convencido, no interior de si mesmo, de que a noção lhe é obviamente conhecida". Rousseau, Holbach, Mercier e Raynal estavam entre os poucos que empregaram a expressão "direitos do homem". O termo "direito humano" (no singular) apareceu de forma isolada, em 1763, no *Tratado sobre a tolerância* de Voltaire.

Os deputados da Assembleia optaram por usar "direitos do homem", acrescentando "e do cidadão". A Declaração dizia que direitos podem ser esquecidos ou desprezados, mas jamais poderão ser criados ou destruídos. Direitos são naturais, isto é, inerentes ao homem e anteriores a qualquer governo, cabendo à Assembleia apenas declará-los e honrá-los pela lei, de modo a garantir a felicidade geral. Assim, o preâmbulo da Declaração afirmava: "a ignorância, o esquecimento e o desprezo pelos direitos do homem são as únicas causas da infelicidade e da corrupção dos governos".

Conforme o artigo primeiro, "os homens nascem e são livres e iguais em direitos". Ou seja, ao nascer, todos os homens têm direito à liberdade e à igualdade. Embora sejamos iguais em direitos, isso não significa que não haja "distinções sociais". Contudo, prossegue o artigo primeiro, as distinções sociais "só podem fundamentar-se na utilidade comum". Em outras palavras, as distinções não podem ser oriundas de privilégios de nascimento, mas de elementos produzidos no interior da própria sociedade: o tempo não cria direitos, a tradição não é fonte de autoridade, e o fundamento de todo governo é, conforme o artigo segundo, "a conservação dos direitos naturais e imprescritíveis do Homem", quais sejam "a liberdade, a propriedade, a segurança e a resistência à opressão".

Diz o artigo quarto: a liberdade e a lei não se opõem, dado que é somente no império da lei que podemos ter nossos direitos assegurados. A liberdade "consiste em poder fazer tudo que não prejudique o próximo: assim, o exercício dos direitos naturais de cada homem não tem por limites senão aqueles que asseguram aos outros membros da sociedade o gozo dos mesmos direitos".

Paradoxalmente, a liberdade é protegida e potencializada por intermédio da aceitação de sua própria limitação: o direito do "próximo" é um limite à liberdade que tem como consequência o gozo da própria liberdade individual. Por isso, no artigo quinto, a lei proíbe apenas "as ações nocivas à sociedade. Tudo que não é vedado pela lei não pode ser obstado e ninguém pode ser constrangido a fazer o que ela não ordene".

Daí a importância de liberdade de opinião e imprensa. De acordo com o artigo décimo, "ninguém pode ser molestado por suas opiniões, mesmo as religiosas, desde que sua manifestação não perturbe a ordem pública estabelecida pela lei". A palavra "mesmo" nos remete à premência da questão no período. A propósito, a separação entre Estado e Igreja (levada a cabo nos Estados Unidos em 1787) não fez parte da declaração e só seria efetivada em 1795, após a queda dos jacobinos.

O artigo décimo primeiro estabeleceu que "todo cidadão pode, portanto, falar, escrever, imprimir livremente, respondendo, todavia, pelos abusos desta liberdade nos termos previstos na lei". A Assembleia, então, simultaneamente proclamou a liberdade de imprensa e proibiu a calúnia, tornando imprescindíveis as menções do nome do impressor, do autor e do relator.

A propósito, se a liberdade não é um direito "absoluto", dado que necessita de limites impostos pela lei, o mesmo pode ser dito da propriedade. O artigo 17 diz que a "propriedade é um direito inviolável e sagrado, ninguém dela pode ser privado, a não ser quando a necessidade pública legalmente comprovada o exigir e sob condição de justa e prévia indenização" (mesmo assim, em um conhecido discurso de abril de 1793, Robespierre clamara: "ao definir a liberdade, disseste com razão que os limites dela eram os limites de outrem? Por que não aplicastes esse princípio à propriedade, que é uma instituição social?"). A ideia de "justa e prévia indenização" atendia à demanda imediata de legitimar o resgate dos direitos senhoriais.

É evidente que a ideia de direitos pressupõe uma força coercitiva para sua proteção. Por isso, o artigo 12 atesta a necessidade de uma "força pública" feita para "fruição por todos, e não para utilidade particular daqueles a quem é confiada", a qual deve ser sustentada, conforme o artigo 13, com recursos públicos. A existência de uma força policial permanente seria um pacto nacional pela garantia da própria segurança.

Importante notar que toda a ideia de igualdade, na Declaração, corresponde a direitos, nunca a recursos ou bens. Trata-se, sobretudo, de *igualdade jurídica*. Toda lei, diz o artigo sexto, "é a expressão da vontade geral", de modo que "todos os cidadãos têm o direito de concorrer, pessoalmente ou através de mandatários, para a sua formação". A lei é a mesma para todos e todos os cidadãos são "igualmente admissíveis a todas as dignidades, lugares e empregos públicos, segundo a sua capacidade e sem outra distinção que não seja a das suas virtudes e dos seus talentos".

A soberania, assim, não residiria em ordens, reis ou corporações, mas, como diz o artigo terceiro, reside, "essencialmente, na nação", de modo que "nenhum corpo, nenhum indivíduo pode exercer autoridade que dela não emane expressamente".

Os artigos 14 e 15 são, até hoje, princípio fundamental de toda e qualquer administração pública, pois admitem que todo cidadão, "por si ou pelos seus representantes", pode pedir prestação de contas a qualquer agente público. O artigo 16, por sua vez, assegura que não há liberdade ou Constituição sem a devida separação de poderes.

Percebe-se que há um profundo vínculo entre a Declaração e as necessidades próprias de agosto de 1789, como a questão do pagamento do resgate e o esforço pelo fim da tortura. A propósito, a monarquia do Antigo Regime não era hostil ao livre comércio, como vimos, o que explica a ausência do tema na Declaração. Elementos como direito de reunião, o direito de petição, direito à instrução universal e à assistência pública não estavam ainda na ordem do dia, ficando, portanto, ausentes na Declaração.

A Declaração teve ampla repercussão. Imediatamente panfletos satíricos passaram a criticar a Declaração de Direitos do Homem e do Cidadão. Conforme relatado no livro dos historiadores Jeffrey Merrick e Bryant Ragan, muitos deles diziam que os direitos do homem encorajariam a prostituição e a homossexualidade. A *Gazette de Leyde*, na Bélgica, reproduziu o texto poucas semanas após a votação da Declaração na França. Em Frankfurt, o mesmo foi feito entre agosto

DOS ESTADOS GERAIS AOS DIREITOS DO HOMEM **85**

e setembro pelo *Frankfurt Reichoberpostamzeitung*. Jornais de Bonn, Mogúncia, Zweibrücken e Worms também divulgaram a Declaração. Na Espanha, apesar da proibição inquisitorial, circularam manuscritos em francês que serviram mais tarde de modelo para a Constituição antiabsolutista de Cádiz, em 1812. Na América do Sul, a primeira tradução da Declaração em castelhano veio a público em Bogotá, 1794, obra do alto funcionário Nariño, que acabaria encarcerado pela ousadia. Na Itália, jornais revolucionários de Veneza, Milão e Nápoles reproduziam não apenas a Declaração, mas a narrativa de todos os eventos políticos de forma bastante detalhada. Na Polônia, a Declaração apareceu ainda em 1789. Na Hungria, o *Besci Magyar Kurir* traduziu trechos da Declaração antes mesmo que ela estivesse concluída. Na América do Norte, o *New York Daily Gazette* publicou a primeira tradução em 17 de outubro. No Brasil, em 1828, frei Caneca publicou e divulgou as palavras da Declaração em Pernambuco. Na Rússia, em 1790, Alexander Radishchev publicou seu romance *Viagem de São Petersburgo a Moscou*, incitando os camponeses russos a acabarem com a servidão por meio de uma revolução. No mesmo ano, Radishchev seria condenado ao exílio pela czarina Catarina II, que também fechou todos os clubes revolucionários do Império Russo.

Futuramente, seria aprovado o voto censitário (isto é, condicionado pela renda) e masculino. O abade de Sieyès havia marcado uma distinção entre "cidadãos ativos", que participariam da votação e elaboração de leis, e os "cidadãos passivos", que não estariam aptos ao voto. Entre os cidadãos considerados passivos, estavam as mulheres e aqueles que não pagavam um tributo de pelo menos o valor de três jornadas de trabalho. Justificava-se dizendo que o voto e a eleição não seriam propriamente direitos, mas funções (como a de um funcionário público) que deveriam ser exercidas apenas pelos "mais capacitados", que seriam, em sua perspectiva, os homens com recursos. Como veremos, nem todos pensavam dessa forma.

A Declaração não deixou claro se os direitos dos homens incluiriam as populações "negras" e "mulatas" das colônias (conforme a nomenclatura utilizada na época) – questão que se tornaria objeto de debate nos anos seguintes. Para o deputado Mirabeau, por exemplo, era óbvio que sim. "Eu não irei degradar nem essa assembleia nem eu mesmo buscando provar que os negros têm direito à liberdade. Vocês já decidiram essa questão ao declarar que os homens nascem e permanecem livres e iguais" – discursou. Os representantes dos brancos das colônias, recém-admitidos na Assembleia, pensavam diferente. No Haiti, o "mulato" (como vimos, conforme termo do período)

Dodo Laplaine foi açoitado pelo simples fato de ter lido para escravizados a Declaração de Direitos.

## AS JORNADAS DE OUTUBRO
## E A REVOLUÇÃO DAS MULHERES

"Os homens fizeram o 14 de julho; as mulheres o 6 de outubro. Os homens tomaram a Bastilha real, e as mulheres tomaram a própria realeza." Assim comenta os acontecimentos o historiador Jules Michelet. Vamos compreender o sentido de sua formulação.

Luís XVI não estava resignado a aceitar os limites impostos a seu poder pela Revolução. Nada disse publicamente sobre os direitos do homem e nem sancionou a abolição dos direitos senhoriais. Nesse contexto, o deputado Guillotin propôs uma questão para a Assembleia Constituinte: "o rei deve ter poder de veto sobre nossas leis?". Houve, então, uma divisão: os deputados aristocratas, que se sentavam à direita no salão e eram liderados pelo abade Maury, mostraram-se favoráveis ao rei; os deputados monárquicos liderados pelo conde Mirabeau, que ficavam ao centro do salão, defendiam um meio termo, de modo que o rei teria um poder de veto limitado; e os deputados autointitulados "patriotas", que se sentavam à esquerda do salão e eram liderados por Barnave, La Fayette e Sieyès, eram contrários a dar poder de veto ao rei. (A localização dos assentos dos deputados da Assembleia daria origem ao uso dos termos "esquerda" e "direita" em um sentido propriamente político.)

Para além dessas diferenças, a maioria dos deputados rejeitava como "despótica" a criação de uma "Câmara Alta" ou um "Senado" nomeados pelo rei, à moda inglesa e tal qual defendia a minoria "anglófila".

Enquanto isso, em Paris, o alvoroço crescia. A possibilidade de veto real parecia a muitos a prova decisiva da existência de um "complô aristocrático" contra as conquistas revolucionárias. Proliferavam jornais de oposição ao rei, como *O Patriota Francês*, de Brissot, *O Amigo do Povo*, de Marat e *A França Livre*, de Desmoulins. No distrito de Cordeliers, em Paris, o advogado George Jacques Danton tornava-se uma referência importante. Um novo boato passou a circular: em um banquete, oficiais teriam pisado na insígnia tricolor – o "sagrado sinal da liberdade francesa" – diante do rei, configurando um insulto à própria nação francesa.

As mulheres do povo, responsáveis por administrar o orçamento doméstico e providenciar alimentos para seus familiares, eram as que percebiam com maior clareza a carestia que grassava na França. Em 5 de outubro de 1789, cerca 7 mil mulheres, com destaque para as vendedoras de peixe dos mercados de Paris, encontraram-se por volta das oito horas e iniciaram uma marcha em direção a Versalhes para falar diretamente com os monarcas. O costume de as peixeiras dirigirem-se à rainha da França em ocasiões especiais era antigo, mas, dessa vez, a marcha das mulheres investia-se de um caráter revolucionário de oposição e revolta. No caminho, homens, alguns com roupas femininas (como era comum em manifestações desde o século XVI), juntaram-se às mulheres. Ao chegar a Versalhes, a multidão gritava: "Morte à austríaca!". Um grupo chegou a invadir os aposentos da rainha, que, no entanto, conseguiu fugir.

Em resposta a essa manifestação, o rei mudou a postura e, na mesma noite, assinou a Declaração de Direitos do Homem e do Cidadão e se comprometeu a viver em Paris, "perto do povo", no castelo das Tulherias, inabitado havia um século. O rei da França aceitou (ou melhor, aparentou aceitar) ser chamado então de "rei dos franceses" e subordinar-se às leis votadas pela Assembleia Nacional.

Luís XVI temia que, se os deputados da Assembleia ficassem em Versalhes, eles poderiam aclamar seu primo, o duque de Orléans, como o novo rei; a maioria dos deputados, por sua vez, temia que o rei, sozinho em Paris, pudesse recuperar sua popularidade. Assim, a Assembleia também se transferiu para Paris.

A revista *Les Étrennes Nationales des Dames* noticiou: "no último dia 5 de outubro, as parisienses provaram aos homens que são tão corajosas quanto eles. Sofremos mais que os homens, que, com suas declarações de direitos, nos deixam em estado de inferioridade, e até de escravidão".

## A VENDA DOS BENS NACIONAIS

Restava ainda à Assembleia buscar uma saída para o colapso econômico da França. As dívidas herdadas dos Bourbon não foram renunciadas, mostrando o compromisso do regime constitucional com os proprietários. Para enfrentar a crise, em 1789, no dia 2 de novembro, por 568 votos contra 346 e 40 abstenções, a Assembleia nacionalizou os bens da Igreja Católica. A venda desses bens, um dos acontecimentos mais fundamentais da Revolução

Francesa, fez com que uma área equivalente ao território da Bretanha e da Normandia passasse para as mãos do Estado, que gradualmente os vendeu, colocando-os "à disposição da nação".

Contudo, um bispo que era favorável à venda, Talleyrand, notou que se todas as terras fossem vendidas de uma única vez, seu valor seria deprecia-do. Para que isso não ocorresse, foram emitidas 400 milhões de unidades de *assignats*, um papel que os detentores poderiam futuramente trocar por terras e que acabou se tornando moeda nacional.

Quem conseguiu comprar as terras da Igreja? Entre os historiadores, uma corrente, iniciada por Marcel Marion em 1908, sustenta que apenas os enriquecidos puderam adquiri-las; outra, principiada por Ivan Loutchisky em 1895, apresenta os camponeses como amplamente beneficiados por terem conseguido comprá-las. Desde então, nada menos que 850 trabalhos se dedi-caram ao tema, até que os historiadores Bernard Bodinier e Éric Teyssier, nos anos 2000, efetuaram uma síntese dos trabalhos anteriores.

Quando as vendas principiaram, a desvalorização dos *assignats* e a possibilidade de uma compra parcelada de pequenos lotes fizeram com que compradores com menos recursos pudessem adquirir terras. Em novembro de 1790, o fim da possibilidade de parcelamento dos terrenos favoreceu pro-prietários abastados, burgueses e nobres enriquecidos. Isso nos ajuda a com-preender, inclusive, como parte da nobreza sobreviveria muito bem sem os "privilégios" do Antigo Regime e teria um importante papel político no século seguinte, inclusive convertendo sua renda para o investimento industrial.

A partir de 1793, as vendas de terras tomadas da Igreja somaram-se às vendas dos bens dos nobres emigrados (os bens nacionais de "segunda origem") que fugiam da França convulsionada, estimadas em 3,2% do solo nacional. No total, cerca de 2 milhões de lotes foram vendidos, 40% para camponeses. (As vendas terminariam apenas em 1867.) Objetivamente, an-tes da Revolução, 30% do território francês pertencia a membros nobreza, 10% ao clero, 25% estavam nas mãos de grandes proprietários e 35% eram controlados por pequenos camponeses; após a Revolução, as porcentagens mudam para, respectivamente, 25%, 0%, 45% e 40%. O tema, aliás, foi diversas vezes mencionado nos romances de Honoré de Balzac. Em *O cura da aldeia,* por exemplo, ele escreve que os camponeses não tinham "outra paixão, outro desejo, outra vontade, outro objetivo que não fosse a de mor-rer como proprietários".

## OS DIREITOS DOS ANIMAIS

No século XVIII, foram comuns as críticas aos vários tipos de sofrimento impingidos aos animais, como os decorrentes de experimentos médicos, exibições nas ruas ou touradas (aliás, proibidas pela Revolução Francesa em 1796).

O filósofo andarilho John "Walking" Stewart, por exemplo, dizia que cada cruendade infringida contra os animais alimentaria uma cadeia de sofrimento que, absorvida pelos nossos átomos, infringiria infelicidade por toda a natureza. O artigo "Caça", da Enciclopédia iluminista, insistia nos estragos desse passatempo nobiliárquico, unindo a questão da defesa dos animais com a crítica aos privilégios. Entre os críticos dos maus-tratos aos animais estavam Samuel Johnson, Alexander Pope, David Hume, Adam Smith e Thomas Tryon, o primeiro a aplicar a noção de "direitos" às outras criaturas da natureza.

Durante a Revolução Francesa, o assunto envolveu pensadores como Richard Phillips, John Oswald, Robert Pigott, marquês de Valady, François-Hilaire Gilbert, Georges Toscan, François Boissel e Bernardin de Saint-Pierre. Foi este último que, durante a transferência do rei para as Tulherias, sem sucesso, tomou sua pluma para salvar o rinoceronte de Versalhes. Já Toscan, ancorando-se em Plutarco, afirmava que o verdadeiro republicanismo só existiria com a adoção do vegetarianismo. Gilbert, por sua vez, propunha uma "veterinária republicana": dado que o animal é nossa alimentação, transporte, vestimenta e matéria-prima, é preciso comportar-se com razão para com aqueles que dela carecem. (Em 1802, seria publicada uma obra anônima em defesa de uma utopia vegetariana, *Bruce's Voyage to Naples*). O jacobino Boissel afirmava que os homens deveriam aprender com os animais a ser verdadeiramente civilizados; enquanto os animais sabem viver em comunidade com a natureza, a propriedade privada nos fez construir casas estreitas, envenenar nossas águas e prejudicar nossos campos. A tríade "família, propriedade e religião", inexistente na natureza, deve ser abolida. Em texto enviado ao Comitê de Constituição, em 1793, Boissel propôs a abolição do matrimônio e a repartição de propriedades.

O jacobino Oswald, que viveu na Índia entre os brâmanes, publicou *The cry of Nature, or an Appeal to mercy and to justice on behalf of the persecuted animals* (1791), no qual sustentou que o consumo de carne é uma negação da simpatia universal: "devemos reconhecer e respeitar nos outros animais os mesmos sentimentos que vibram em nós". Thomas Paine, que também criticou maus-tratos contra os animais em *The Age of Reason,* denunciou o fato de que Oswald, que era contrário ao consumo de carne, era favorável à pena de morte: "Você viveu tanto tempo sem provar carne que tem o mais voraz apetite por sangue", ironizou.

# Do "Ano Feliz" à guerra
## (Janeiro de 1790 - Abril de 1792)

### A REVOLUÇÃO E A ADMINISTRAÇÃO

O ano de 1789 terminou com a busca de um "compromisso" que envolveria o rei, a Igreja, a burguesia, a nobreza e o campesinato. Muitos acreditavam que, após outubro de 1789, seria possível "encerrar" a Revolução. O ano de 1790, por conta do número relativamente pequeno de mortes políticas, ficou conhecido como "o Ano Feliz" da Revolução Francesa. Apesar disso, ele gestou importantes tensões que eclodiriam nos anos seguintes.

Em primeiro lugar, o projeto nacional avançou. Em janeiro, a Assembleia adotou uma política de tradução de leis para o bretão, vasco, alsaciano, flamengo e outros dialetos da França. Multiplicaram-se, na imprensa e em manuais de instrução, propostas em prol de uma "união linguística" (que facilitaria, claro, a união político-administrativa). Nos anos seguintes, o francês tornou-se língua obrigatória em todos os atos públicos. Calcula-se que a quantidade de falantes de francês aumentou de um quarto da população, em 1789, para três quartos, em 1800.

No mês seguinte, completou-se o projeto federativo: o país foi dividido em 83 departamentos, dentro dos quais havia distritos, cantões e comunas. A comuna era a unidade menor, administrada por um conselho eleito. O cantão, composto por várias comunas, tinha uma assembleia eleita, que por sua vez elegeria os governantes das capitais, dos distritos, dos departamentos, dos tribunais, dos correios e da Igreja Católica. A assembleia do departamento não possuía caráter deliberativo, mas era a unidade que servia de base para a formação da Assembleia Nacional. Com o desenvolvimento desse sistema, a França passou a ter cerca de meio milhão de funcionários públicos eleitos.

Mapa administrativo da França antes e depois da Revolução Francesa

As comunas com mais de 25 mil habitantes eram divididas em seções, unidades de voto para a formação das assembleias primárias, as quais acabaram se convertendo em centros de reunião de intensa atividade política. As 48 seções de Paris, cada qual com 12 a 25 mil pessoas, indicavam os funcionários municipais e os 3 notáveis que faziam parte do conselho geral de Paris. O mesmo ocorria nas 24 seções de Marselha, nas 15 de Toulouse, nas 26 de Rouen e assim por diante. (Enquanto as seções de Paris, como veremos, seriam eixo de organização dos *sans-culottes*, o movimento seccional de Lyon e Marselha faria oposição ao governo central.)

Referindo-se a essa reforma administrativa, Karl Marx, em *A Guerra Civil na França,* falou em uma "gigantesca vassoura da Revolução Francesa" varrendo os "vestígios de tempos passados". Embora os historiadores hoje enfatizem que no processo federativo houve concessões considerando autonomias e realidades locais (as províncias menores, por exemplo, permaneceram praticamente intactas), ficou marcada a ideia de que a Revolução significou o triunfo do "espírito neoclássico" universalizante, contra as divisões "orgânicas" da nação, "rococós" e complexas.

De todo modo, o fim das antigas divisões, jurisdições e privilégios alimentou, por parte dos inimigos da Revolução Francesa, a nostalgia do Antigo Regime. Para piorar sua insatisfação, em 19 de junho, foi extinta toda a nobreza hereditária. Uma nova constituição militar aboliu privilégios no acesso às forças armadas e reservou um quarto das novas indicações de oficiais para soldados rasos com o objetivo de promover lideranças novas e menos comprometidas com o Antigo Regime.

Em 14 de julho de 1790, um ano após a Queda da Bastilha, no largo espaço aberto do Campo de Marte, deu-se a primeira Festa da Federação, organizada por La Fayette em nome das "federações", isto é, as guardas nacionais. A festa, celebrando também a monarquia constitucional e a unidade da nação, foi o clímax dessa primeira fase da Revolução. As autoridades estimaram nada menos de 200 mil expectadores. Durante a festa, Anacharsis Cloots, um barão prussiano que era entusiasta de uma "Revolução Europeia", discursou a favor da "desaparição de todas as fronteiras". Uma missa foi celebrada pelo arcebispo Talleyrand. Diante do público, Luís XVI prestou juramento: "Eu, rei dos franceses, juro à nação empregar o poder que me foi delegado para manter a Constituição decretada pela Assembleia Nacional."

Essa, assim como outras festas revolucionárias (no espírito do culto público que Rousseau havia proposto ao fim de seu *Contrato social*) visava estabelecer um novo consenso nacional. Festas e encontros geralmente resultavam em uma árvore enfeitada com símbolos tricolores e *slogans* revolucionários, chamada de "árvore da liberdade". Até 1792 seriam plantadas pelo menos 60 mil "árvores da liberdade" na França.

No corpo, os trajes tornaram-se marca visível de civismo ou de oposição. Assim como a escrita não é "expressão" de um pensamento, mas parte do próprio processo de pensar, as roupas e os adereços não devem ser entendidos apenas como uma maneira de "demonstrar" uma posição política, mas como componente da própria tomada de consciência. Assim, nessa época, jovens aristocratas usavam roupas pretas para demonstrar "luto". Os homens revolucionários aderiram ao cabelo curto "*à la* Brutus", em vez da peruca, e utilizavam fivelas "*à la* Bastilha", com representações de canhões e torres. As mulheres favoráveis à Revolução aderiam ao "vestido da simplicidade", feito de musselina branca com um cinto sob os seios. A única revista de moda que sobreviveu à Revolução, *Magasin des modes,* lançou um almanaque de mulheres vestidas "*à la* Constituição". Em 5 de julho 1792, todos foram obrigados a utilizar a cocarda.

Outro sintoma da efervescência revolucionária foi a proliferação de clubes dos mais variados tipos. Entre 1793 e 1794, os clubes revolucionários estavam presentes em pelo menos um quinto das cidades do país. Havia clubes populares, femininos, de jovens, aldeias específicas, clubes moderados e clubes mais radicais, entre outros.

O Círculo dos Amigos da Verdade, por exemplo, reunia-se semanalmente no Palais-Royal, tendo como objetivo a criação de uma "religião da humanidade". Participavam dele o místico Nicolas Bonneville e o sacerdote Claude Fauchet, que misturava ideias cristãs com ideias revolucionárias. Rebatizado posteriormente de Círculo Social, o clube absorveu membros da Sociedade dos Amigos dos Negros, como Condorcet, e abriu-se para a entrada de mulheres, como Olympe de Gouges. Outra nova integrante do grupo, a baronesa holandesa Etta Palm d'Aelders, era uma das principais militantes pelo divórcio: "casamentos indissolúveis são o túmulo da liberdade das mulheres", defendia. (Palm d'Aelders, mais tarde, seria considerada suspeita pela esquerda jacobina, tendo que fugir para a Holanda Províncias Unidas em janeiro de 1793.)

## A RELIGIÃO, O COMÉRCIO E A IGREJA

No dia 12 de julho de 1790, a Igreja entrou oficialmente nas novas estruturas administrativas, com a Constituição Civil do Clero, proposta por Talleyrand e aprovada pela Assembleia. A França foi redesenhada de 135 para 85 dioceses. A lei tornava párocos e bispos funcionários públicos, os quais eram escolhidos pelo voto por todos os eleitores, independentemente de sua religião. A lei também confirmava a supressão de ordens religiosas, exceção às escolares, hospitalares e caritativas. Assim, enquanto os bispos e monges perderam poder, os padres paroquiais tiveram o *status* e a renda elevados. Enquanto um bispo ganhava entre 12 e 20 mil libras, um cura ganhava entre 1.200 e 4 mil, e um vigário entre 700 e 1.200. O lugar do papa, na Igreja da França, tornou-se meramente honorífico. Os chamados "curas patriotas", deputados como Camus e Fauchet, questionavam abertamente a liderança papal. No dia 14 de maio, "católicos patriotas" queimaram uma efígie do papa em frente ao Palácio Real.

Como qualquer funcionário público, os eclesiásticos deveriam agora prestar juramento de fidelidade à nação, à lei e ao rei. Ao todo, 45% dos eclesiásticos mantiveram-se refratários. A discrepância foi maior no alto clero: dos 139 bispos da França, apenas 7 juraram fidelidade à Revolução. No que diz respeito aos clérigos que faziam parte da Assembleia Constituinte, em torno de um terço aceitou fazer o juramento.

A Constituição Civil do Clero, somada à nacionalização dos bens da Igreja no ano anterior, alimentou fraturas e disputas no reino. Nas regiões de Montauban, Nîmes e Languedoc, houve conflitos entre monarquistas católicos e revolucionários protestantes. Em junho de 1790, cerca de 400 pessoas morreram em batalhas em Nîmes, o mais sangrento episódio revolucionário até então.

A marcante presença de abades iluministas, os chamados "clérigos patriotas", nos impede de falar em uma oposição essencial entre o catolicismo e a Revolução. Contudo, é fato que, em 1791, por meio de bulas como *Quod aliquantum*, a Igreja Católica condenou a filosofia dos direitos do homem, que associou ao jansenismo e ao protestantismo. Na França, as regiões mais refratárias à Constituição Civil do Clero foram o oeste (Normandia ocidental, Bretanha, Anjou e Baixo Poitou), o norte (Flandres, Artois e Hainaut), o leste (da Alsácia até Franco-Condado), as montanhas do centro, o extremo sudoeste e os departamentos mediterrânicos. No século XIX, essas regiões se mostrariam fortemente monarquistas, o que explica a frequente associação entre catolicismo e reacionarismo, bastante forte na França novecentista.

Protestantes conquistaram os mesmos direitos que os católicos em 1789. Judeus conquistaram esses direitos em 1791, e desde então o problema da emancipação política dos judeus não saiu da ordem do dia na Europa (em 1797, por exemplo, houve uma revolta contra a emancipação dos judeus nos territórios conquistados pelos franceses na Itália). Em setembro de 1791 o casamento tornou-se um contrato civil, e não religioso. O direito de primogenitura teve fim e todos os herdeiros legítimos, nobres ou plebeus, homens ou mulheres, passaram a ser considerados iguais perante a lei. Filhos naturais não reconhecidos pelo pai continuaram excluídos.

Outras transformações alteraram profundamente o quadro político-social da França. Por meio da Lei Allarde (2-17 de março de 1791) e da Lei Le Chapelier (14-17 de junho de 1791), a Assembleia Nacional realizou o que Luís XVI não conseguiu: a instalação do livre comércio e do livre contrato, acompanhada da proibição de associações de trabalhadores urbanos e de patrões que monopolizavam preços e regulamentavam os trabalhos. Trabalhadores na área da medicina ou do artesanato não precisavam mais de licenças das corporações para poderem trabalhar. Em 28 de setembro, o Código Rural deixou os proprietários livres para praticar as culturas que desejassem e utilizar os instrumentos agrícolas que lhes parecessem mais eficazes. Em 1792, consagrou-se a divisão das terras comunais, o que teve como consequência a multiplicação do número de proprietários na França.

Embora, do nosso ponto de vista, tais leis pareçam ser "antissindicais", é preciso notar que naquela época os sindicatos ainda não haviam sido inventados. Tratou-se, na verdade, da abolição das corporações e das inúmeras regulações do Antigo Regime em favor de uma sociedade de indivíduos juridicamente autônomos e senhores de si. Conforme o pensamento revolucionário de então, todos os artifícios (barreiras, obstáculos, distinções qualitativas) deveriam ser removidos em benefício de um "natural percurso de todas as coisas". (No século XIX, esse argumento de fato seria utilizado contra os sindicatos, que só foram reconhecidos na França em 1901.)

Enquanto isso, aspirações até então amordaçadas ganhavam força. Em 1789, a Martinica viveu um grande levante de escravizados devido a boatos sobre uma possível abolição. Em 1791, em Guadalupe, um branco chegou a ser açoitado publicamente por um homem negro revoltado. No mesmo ano, como vimos, a Revolução Haitiana ganhou impulso.

Em março de 1790, contudo, a Assembleia decretou a autonomia das assembleias coloniais, voltando as costas para negros e mulatos. Por outro lado, a campanha pelo voto dos mulatos – capitaneada por haitianos como Vincent Ogé e Julien Raimond – granjeou apoiadores. Raimond, autor de *Observações sobre a origem e o progresso do preconceito,* foi o primeiro mulato a falar na Assembleia. Contra eles, o deputado da Martinica, Moreau de Saint-Méry tornou-se porta-voz dos escravistas. Ele foi autor de um quadro em que apresentava 128 "tipos" de pertencimento racial a fim justificar a escravidão e defender a desigualdade racial (depois bastante influente no Brasil). Após intensa campanha, a Assembleia decidiu, em 4 de abril de 1792, garantir a cidadania, em todo o império, aos homens livres "de cor" (ou seja, os mulatos) cujos pais fossem livres e casados. Mas nada se fez em relação à escravidão.

## 1791: O ROMPIMENTO DE UM EQUILÍBRIO PRECÁRIO

A Revolução, até então, era sustentada por um compromisso bastante precário com a monarquia. Foi quando aconteceu um fato inusitado: a fuga de Luís XVI em direção a Montmédy, onde encontraria o general Bouillé, conhecido por suas posições contrarrevolucionárias. À meia-noite e meia do dia 20 de junho de 1791, o rei, disfarçado de camareiro, entrou num carro de aluguel acompanhado da rainha. O monarca deixou um manifesto afirmando ser "prisioneiro" nas "masmorras" das Tulherias desde outubro de 1789. O texto do rei era bastante vago, e em momento algum ele mostrava intenção explícita de restaurar os privilégios e retornar ao regime anterior a 1789.

Quando os carros da comitiva real pararam em Sainte-Menehould, a população interrogou-se sobre a farda dos condutores da berlinda, amarela como as cores do príncipe de Condé. O comboio retomou a estrada, mas a suspeita se espalhou. O rei acabou reconhecido e preso em Varennes, e levado de volta ao palácio das Tulherias.

Qual o propósito da "Fuga de Varennes"? Para alguns, o rei iria juntar-se aos nobres emigrados e preparar uma invasão da França com o apoio de outros monarcas europeus. Para outros, ele esperava produzir um rompante de afeição popular e iria utilizar sua posição privilegiada para renegociar seus poderes com a Assembleia. Na melhor das hipóteses, um rei indeciso; na pior, um traidor. Sem uma resposta definitiva, podemos ao menos apreciar o espetacular filme do cineasta Ettore Scola, em sua paródia da Fuga de Varennes, *Casanova e Revolução* (1982), no qual há encontro fictício entre Restif de la Bretonne, Casanova e Paine na berlinda que seguia a do rei.

Durante o retorno do rei, quando o comboio atravessou a cidade de Paris, La Fayette tomou providências para manter a ordem: "Quem quer que aplauda o rei será espancado, quem quer que o insulte será enforcado", decretou. Como forma de evitar que um número maior de pessoas soubesse que o rei estava sendo transportado, La Fayette também proibiu os guardas de tirarem os chapéus em respeito ao monarca. "A excomunhão do silêncio", nos termos do historiador Jules Michelet, fez a volta de Luís XVI parecer um verdadeiro cortejo fúnebre, o que não é uma imagem de todo inadequada. "Ei-lo de volta, esse príncipe infeliz", exclamou um libelo anônimo.

Imediatamente, a Assembleia proibiu qualquer pessoa de deixar a França e ampliou os poderes dos ministros. Em resposta à tentativa de fuga do rei, por toda a França emblemas monárquicos foram retirados dos lugares públicos e flores-de-lis (símbolo da realeza francesa) foram arrancadas da terra. As previsões angustiantes de que estava em curso um "complô aristocrático" contra o povo francês acabaram de ter sua irrecusável prova. Para a decepção de muitos, o ocorrido expôs a céu aberto a separação entre o rei e a nação: o monarca mostrara que seu destino não se vinculava ao de seus súditos. Nas palavras da historiadora Mona Ozouf: "antes da morte do rei, a fuga efetuou a morte da realeza".

## A NOVA CONSTITUIÇÃO

Diante do crescimento da oposição à monarquia, a Assembleia Nacional, então liderada por Barnave, Duport e Lameth, proibiu manifestações e afirmou que o rei fora vítima de um sequestro. O objetivo dessa mentira era evitar o prolongamento e a radicalização da Revolução. Segundo Barnave, isso poderia ameaçar a propriedade privada: "vamos concluir a

100 REVOLUÇÃO FRANCESA

Revolução ou vamos recomeçá-la? Um passo a mais, na linha da liberdade, seria a destruição da realeza e, na linha da igualdade, a destruição da propriedade". Para ele, a realeza seguia como uma ficção útil: "pior que um rei covarde é uma nação desgovernada".

Contudo, poucos duvidavam que o rei era de fato um fujão e apenas um punhado de deputados ainda acreditava que seu poder era divino. Dentro e fora da Assembleia, muitos se opunham agora à solução de compromisso com a monarquia. Um fosso se abria entre os moderados de Barnave e os demais revolucionários. O abade de Grégoire argumentou: "como conceder a Luís XVI a proteção de uma Constituição que ele mesmo negou?". Condorcet acreditava que a fuga de Luís XVI era uma oportunidade única de proclamar a república sem derramamento de sangue. "Nada mais contraditório do que ceder o reinado do Império a um homem que traiu", afirmou Brissot, "de modo que julgar nosso regime pelo passado é julgar Hércules por um liliputiano", completou fazendo alusão aos personagens minúsculos do romance *As viagens de Gulliver* (1726), de Jonathan Swift. O debate sobre a culpabilidade do rei, afinal, continuaria por 18 meses, até o regicídio.

Em fins de junho de 1791, Brissot, Condorcet, Paine e Bonneville fundaram a Sociedade Republicana, responsável por elaborar o primeiro manifesto republicano da Revolução. Também exigia a república o Clube dos Cordeliers (em português, "Franciscanos", referência ao convento em que se reuniam), fundado em 1790, liderado por Danton, Marat, Hébert, d'Églantine e Desmoulins, e aberto a mulheres. Em 14 de julho de 1791, na Segunda Festa da Federação, os cordeliers, inspirados nos discursos de Patrick Henry, dos Estados Unidos, portaram uma bandeira com a frase "liberdade ou morte".

Nos dias que se seguiram a essa festa, manifestantes saíram às ruas exigindo a proclamação da república, e Bailly, prefeito de Paris, e La Fayette, chefe da Guarda Nacional, ordenaram que se atirasse contra eles no Campo de Marte. Pelo menos 60 pessoas foram mortas. O Clube dos Cordeliers foi fechado e Marat e Danton foram obrigados a fugir. Brissot chamou o massacre de "terror".

O massacre sepultaria a popularidade de La Fayette, que no mês seguinte perdeu as eleições para a prefeitura de Paris para o jacobino Jérôme Pétion. O comando da Guarda Nacional parisiense passou para o rico e popular cervejeiro Santerre e para Hanriot, adepto de Robespierre. Dois anos depois, Bailly seria guilhotinado a mando das novas autoridades no próprio Campo de Marte.

No dia 16 de julho, o Clube Jacobino conheceu sua primeira grande cisão: seus membros mais moderados, comprometidos com a manutenção da monarquia e do sufrágio censitário, se retiraram do grupo e fundaram o Clube dos Fuldenses ou Cistercienses (*Feuillants*), tendo como membros mais destacados Barnave, La Fayette, Bailly e Duport. O jornal monarquista *Chronique de Paris* exaltou o novo grupo: "todas as pessoas honestas se reuniram nos Feuillants, e fora dele não restará mais que um pequeno número de energúmenos".

Em 3 de setembro de 1791, a Constituição foi aprovada. Pela primeira vez desde 1789, a França possuía um poder constituído, e não um poder constituinte. Mulheres, crianças e pessoas mais pobres, consideradas "cidadãos passivos", gozavam apenas de direitos civis (liberdade, igualdade e propriedade). Para ter direito ao voto, era necessário ser homem, ter mais de 25 anos, morar há um ano no mesmo endereço, prestar juramento cívico, estar inscrito na Guarda Nacional e pagar um imposto equivalente a três dias de trabalho não qualificado. Ao todo, poderiam votar 4,3 milhões de pessoas, 60% dos homens adultos. Como nos Estados Unidos, o voto era indireto: os "cidadãos ativos" votavam em eleitores que elegeriam os parlamentares. Para se candidatar a eleitor de parlamentar, era preciso ter uma renda igual a 150 dias de trabalho, o que incluía apenas 40 mil franceses.

Barnave argumentou que se os muitos pobres pudessem votar, eles seriam facilmente manipulados pelos ricos. Robespierre protestou: "que importa ao cidadão que não haja mais brasões, se ele vê por todo lado a distinção do ouro?". Marat afirmou que esse sistema de voto definido pela Constituição favorecia apenas os "banqueiros, especuladores, mercadores, vendedores e todos aqueles mais preocupados com a fortuna do que com a liberdade".

O poder Legislativo passou a ser composto por uma Câmara única, com 745 assentos, cujo número de deputados era proporcional à população e à contribuição dada pelas regiões. Pela lei, o rei subordinava-se à Constituição e, em caso de traição, poderia ser deposto. Quando, em 14 de setembro, o rei jurou fidelidade à Constituição, os deputados, pela primeira vez na história da França, permaneceram sentados diante do monarca. A posição do rei – figura simbólica e bastante limitada – na

Constituição era ambígua e contraditória; "menos que um cidadão, e mais que um homem", disse Sieyès.

Na Constituição, todas as penalidades advindas da "superstição, do feudalismo e do despotismo" foram abolidas. Conforme o preâmbulo: "A Constituição abole irrevogavelmente as instituições que feriam a liberdade e a igualdade de direitos. Deixa de existir quer nobreza, quer distinções hereditárias, ou distinções de ordens, ou regime feudal, ou justiça privada, ou quaisquer dos títulos, denominações ou prerrogativas daí derivados, ou qualquer cavalaria, ou quaisquer corporações ou condecorações para as quais exigiam provas de nobreza, ou que implicavam distinções de nascimento, ou qualquer outra superioridade."

No novo Código Penal, o adultério, a homossexualidade e a prostituição deixaram de ser listados como ofensas (vale lembrar que registros oficiais atestam que a França tinha cerca de 30 mil prostitutas em 1789, número superior aos outros países europeus no período). Isso não significa, evidentemente, que outras formas de discriminação não atingissem homossexuais, adúlteras e prostitutas.

Finalmente, o corpo de constituintes eleitos para os Estados Gerais se dissolveu e a França conheceu novas eleições, as primeiras desde 1789. Por proposta de Robespierre, os deputados dos Estados Gerais, inclusive ele próprio, foram proibidos de se candidatarem. Mesmo assim, a Assembleia que acabou eleita era predominantemente moderada. O país elegeu, à direita, mais de 260 fuldenses, e, à esquerda, 140 membros do Clube Jacobino (que ainda não conhecera a cisão entre jacobinos e girondinos), além de estrangeiros como Clavière, Cloots e Paine. Mais de 350 eleitos seriam identificados pelos historiadores como *marais* ("pântano" ou de centro) sem qualquer programa preciso. Em carta a Fersen, Maria Antonieta descreveu os novos deputados como uma coleção de "criminosos, tolos e idiotas".

Em resposta à exclusão das mulheres na Constituição de 1791, Olympe de Gouges (1748-1793) redigiu a Declaração dos Direitos da Mulher e da Cidadã. Para ela, o voto feminino seria uma decorrência necessária da igualdade diante da lei: "se a mulher tem o direito de subir ao cadafalso, tem igualmente o direito de subir à tribuna". A Declaração de Gouges tinha um duplo aspecto: por um lado, reforçava o apoio à Revolução Francesa e aos direitos humanos; por outro lado, ela considerava a Revolução ainda incompleta. *"Femme, réveille-toi"* (Mulher, acorde!) – conclamava. "Quais são as vantagens que vocês [mulheres] obtiveram da Revolução?" – questionava. A declaração redigida por Olympe de Gouges retirava da palavra "homem" a pretensa universalidade. "A mulher nasce livre e permanece igual aos homens em direitos", dizia o Artigo 1; a nação "não é outra coisa que a reunião da mulher e do homem", afirmava o Artigo 3. No preâmbulo de seu texto, Gouges conclamava Maria Antonieta a liderar as mulheres na luta pela igualdade com os homens.

Outra defesa contundente das mulheres veio à luz após Talleyrand comunicar que as mulheres deveriam receber educação somente no âmbito doméstico. Em resposta, Mary Wollstonecraft escreveu *Uma reivindicação dos direitos das mulheres*, publicada em 1792. Sem poupar críticas a autores consagrados como Rousseau e Hume, Wollstonecraft disse que a mulher, agraciada com o dom da razão em igualdade com o homem, não poderia ser privada de nenhum direito: a varredura das tiranias na Era das Revoluções teria que incluir também o fim da tirania do homem sobre a mulher, uma reprodução em microescala da tirania dos reis contra os súditos.

Com tantos interesses em jogo, a nova Assembleia via-se como sentada em um barril de pólvora. Os camponeses não conseguiam pagar os resgates, e explodiam sublevações. Uma forte inflação depreciava o *assignat* e a condenação papal aprofundara a divisão da nação. Pelo menos 25 mil nobres já haviam deixado o hexágono. Em Turim, formou-se um comitê contrarrevolucionário (o termo "contrarrevolução", aliás, já era utilizado desde 1790) dirigido por ninguém menos que Calonne. Nas colônias, a situação também se agravou. E, finalmente, muitos passaram a criticar a exclusão dos mais pobres na Assembleia. Em 1791, Lanthenas, em *O patriota francês,* afirmou que "o burguês quer sempre ocupar o lugar de um nobre e deixar o artesão onde está".

## O DEBATE ENTRE EDMUND BURKE E THOMAS PAINE

O escritor G. K. Chesterton (1874-1936) afirmou que "o maior aconte-cimento na história inglesa do fim do século XVIII deu-se na França". De fato, na Grã-Bretanha, a Revolução Francesa foi objeto de intenso debate por parte dos intelectuais, de entusiasmo por parte dos revolucionários (em especial, os irlandeses e o incipiente movimento operário) e de preocupação por parte dos poderes estabelecidos.

Não é fortuito, portanto, que o primeiro grande debate filosófico so-bre a Revolução Francesa tenha ocorrido entre os britânicos Thomas Paine e Edmund Burke. Para muitos historiadores, esse debate ajudaria a delimitar as próprias noções de "conservadorismo" e "progressismo", "direita" e "esquerda" na modernidade.

Nascido em Dublin, em 1729, Edmund Burke provinha de uma família ca-tólica convertida ao anglicanismo, religião oficial da Coroa inglesa. Aos 21 anos, mudou-se para a Inglaterra para estudar Direito e acabou se tornando um im-portante filósofo, conhecido por textos sobre estética. Nas décadas seguintes, entrou para a política e elegeu-se deputado pelos *whigs* (futuros "liberais"), na Câmara dos Comuns, onde permaneceria até sua aposentadoria, em 1794. Burke criticou os excessos do rei Jorge III, defendeu a autonomia das colônias inglesas na América do Norte e na Índia e opôs-se à pena de morte contra católicos e homossexuais. Suas *Reflexões sobre a Revolução em França* (1790) constituíram a primeira crítica de peso à Revolução Francesa. Os exemplares esgotaram dois dias após o lançamento. Burke havia sido favorável à Revolução até outubro de 1789, quando diz ter percebido que os franceses faziam algo distinto daquilo que os ingleses fizeram em 1688 e os norte-americanos em 1776. Para ele, enquanto os ingleses haviam feito um acordo necessário contra um rei tirano, os franceses, com seu racionalismo abstrato, atacaram um rei que era ele próprio reformista. Enquanto os norte-americanos visaram restaurar as antigas liberdades, os france-ses tiveram a pretensão de rejeitar instituições transmitidas pelas gerações passa-das. "O indivíduo é tolo, mas a espécie é sábia", disse, de modo que, "se os nossos costumes e instituições mudassem conforme nossas opiniões e caprichos, não passaríamos de moscas de verão". Segundo Burke, todas as nossas instituições e costumes são fruto de séculos de tentativa e erro, de modo que há uma respei-tável sabedoria inerente ao que nos é legado. As inovações devem existir, mas de forma moderada e gradual.

Muitos responderam a Burke, a começar pela própria Wollstonecraft. Mas a resposta dada por Thomas Paine, *Os direitos do homem,* se tornaria a mais conhecida. Paine havia sido próximo a Burke e respeitava-o profundamente. "É doloroso ver um homem empregando seus talentos para corromper a si mesmo", lamentou. Para Paine, a defesa das tradições feitas por Burke era a defesa de uma forma de escravidão, como se os "mortos pudessem governar os vivos". Afinal – questionou – quando começa esse "Adão Político" que Burke chama de tradição? Há cem anos? Duzentos? Mil? O tempo, escreveu Paine, não cria nem direitos nem autoridade. Ideia capenga e indefensável, a tradição deve ser substituída pela natureza, que nos confere eternamente liberdade e igualdade. "Nunca existiu, nunca existirá, e nunca poderá existir um Parlamento, ou qualquer classe de homens, em qualquer país, que possua o direito ou o poder de comprometer e controlar a posteridade até 'o fim dos tempos'." Toda geração, por isso, tem o direito de reinventar para si um mundo novo e melhor.

## O INÍCIO DA GUERRA

O imperador Leopoldo II da Áustria (irmão de Maria Antonieta) e o rei da Prússia Frederico Guilherme II declararam, em agosto de 1791, em Pillnitz, que a situação de Luís XVI era "de interesse comum a todos os soberanos da Europa", de modo que, desde que auxiliados por outras potências, eles poderiam agir em favor do rei da França. Os dois irmãos mais novos de Luís XVI, os *émigrés* (emigrados) conde de Artois e conde da Provença, pediram então uma intervenção armada, que Leopoldo II rechaçou. Para ele, seria possível Luís XVI atuar dentro de uma monarquia constitucional. Desse modo, muitos historiadores acreditam que a Declaração de Pillnitz foi meramente retórica (Mona Ozouf diz que foi "insignificante"), até porque a principal preocupação da Áustria e da Prússia naquele momento era a questão polonesa.

Como quer que seja, na França, essa declaração foi recebida como intenção de guerra. Animados com ela, membros da nobreza chegam a divulgar uma carta incitando o rei a rejeitar a Constituição. A nova Assembleia, por sua vez, reagiu propondo o confisco dos bens dos padres refratários e dos nobres emigrados. Luís XVI vetou. A Assembleia derrubou o veto.

Nesse contexto, os membros do Clube Jacobino conheceram sua segunda fissura em um ano. Um grupo passou a defender uma cruzada revolucionária que "purificaria" os franceses, acabaria com os emigrados, consolidaria a Revolução internamente e exportaria seus princípios para outros povos. O deputado Roland, no dia 25 de junho de 1791, afirmou: "um povo que conquistou sua liberdade após séculos de escravidão tem necessidade da guerra [...] é algo cruel de se pensar, mas só seremos regenerados pelo sangue". Com a liderança de Brissot, esse grupo ficou conhecido como "brissotinos". Outros o chamavam de "rolandinos", "buzotinos" ou "petionistas", devido à presença dos deputados Roland, Buzot e Pétion.

Marat e Robespierre nesse momento não eram deputados e estavam isolados em sua oposição à guerra. Mesmo assim, tornou-se bastante conhecida a máxima de Robespierre: "ninguém gosta dos missionários armados". Segundo ele, "a mais extravagante ideia que pode nascer na cabeça de um político é acreditar que basta um povo entrar com armas na mão em um país estrangeiro para fazer adotar suas leis e sua constituição". Robespierre referiu-se ao grupo que defendia a guerra como "facção da Gironda", visto que muitos de seus adeptos eram originários do departamento da Gironda. (Em 1842, o historiador Lamartine convencionaria chamar esse grupo de "girondinos". É preciso lembrar, contudo, que eles não eram um clube, tampouco um partido com um programa fechado. Os girondinos agrupavam pensadores democratas brilhantes, como Condorcet, Carnot e Chabot, e costumavam reunir-se no salão da viúva Dodun e da madame Roland. A maioria dos seus membros acabaria expulsa do Clube Jacobino em 1792.)

Para piorar a situação, o novo imperador austríaco que sucedeu a Leopoldo II, Francisco II, sobrinho de Maria Antonieta, cedendo à pressão dos emigrados franceses, exigiu o restabelecimento da nobreza francesa. Para Luís XVI, a guerra parecia uma excelente ideia: se a França vencesse, o rei aumentaria sua própria glória; se perdesse, retomaria seus poderes. Em 20 de abril de 1792, por proposição de Luís XVI, a Assembleia acabou aprovando uma Declaração de Guerra contra o rei da Boêmia e da Hungria. A Prússia se juntou à Áustria contra os franceses. Ingleses e holandeses recusaram-se a ajudar a França, a despeito das tentativas de aliança por parte de Talleyrand e do general Dumouriez.

Na França, a guerra foi recebida com entusiasmo. "Esta será a última guerra", afirmou Dumouriez em 1792. Ninguém jamais imaginaria que o conflito duraria, com algumas breves calmarias, 23 anos, até a queda de Napoleão, em junho de 1815. Embora muitos historiadores rejeitem a ideia de que se trate do "nascimento da guerra total", é fato que as batalhas chegaram a envolver o inédito número de 600 mil pessoas e a Europa perdeu algo como 5 milhões de vidas. E isso se deu em uma época, afinal, em que não houve qualquer avanço significativo no campo militar.

Ocorre que, com a guerra, a sobrevivência da Revolução Francesa foi identificada com a sobrevivência da própria França. Em consequência, os inimigos da Revolução passaram a ser também considerados traidores da pátria, que compactuavam com os estrangeiros em prol do desaparecimento da nação. Nesse ínterim, ganhou corpo a moderna ideia de nacionalismo.

Em vez de uma guerra em que oficiais aristocráticos comandavam uma multidão de mercenários, como ocorria no Antigo Regime, a Revolução Francesa instituiu a convocação em massa e, posteriormente, o serviço obrigatório, possibilitando uma mobilização sem precedentes da população para o conflito. Em vez de monarcas (provavelmente, parentes) disputando territórios, tratava-se agora de uma luta que opunha um mundo "novo" e outro "antigo", permitindo aos revolucionários (bem como a seus inimigos monárquicos) ver o adversário como alguém que não tinha reivindicações legítimas. Tal processo seria bem sintetizado pelo jovem militar Clausewitz, em 1812: "Agora não é um rei ou um exército que trava uma guerra, mas um povo contra o outro." Por exemplo, quando o jacobino Saint-Just derrotou os austríacos em Charleroi, disse que não iria negociar a rendição. "Isso nos desonraria", protestou o oficial austríaco. O jacobino, então, respondeu: "não podemos honrá-lo ou desonrá-lo, assim como o senhor não tem o poder de honrar ou desonrar a nação francesa. Não há nada em comum entre nós e os senhores".

Por último, é importante dizer para compreender os eventos a seguir: a guerra, nesse formato e escala, era um empreendimento caríssimo. Por exemplo, há registros que, em 1794, os 90 mil homens dos exércitos franceses na Bélgica consumiam, diariamente, 184 bois, 130 ovelhas e 80 toneladas de farinha. Conforme veremos adiante, o exército francês chegará a 700 mil homens, contra 300 mil do exército austríaco, 400 mil do exército russo, 200 mil do exército prussiano e 60 mil dos outros Estados alemães.

# A Guerra Revolucionária e a Convenção Girondina

(Abril de 1792 – Junho de 1793)

### O INÍCIO DA GUERRA REVOLUCIONÁRIA

A guerra foi um divisor de águas na história da Revolução Francesa, início de uma segunda fase da Revolução. Foi apenas em 1792, aliás, que os deputados passam a utilizar para si próprios a denominação de "revolucionários". A partir da guerra, os acontecimentos parecem ganhar uma dinâmica implacável: a guerra foi proclamada em abril de 1792, a monarquia findou em agosto do mesmo ano e os girondinos foram expulsos da Assembleia em junho do ano seguinte, dando espaço para uma coalizão liderada por jacobinos. O desenrolar dos conflitos, afinal, gestou o maior mito secular da história da França, Napoleão Bonaparte.

## A MÚSICA, A GUERRA, A REVOLUÇÃO

Em abril de 1792, na cidade de Estrasburgo, um jovem militar, Claude de Lisle, compôs uma música patriótica que se inicia com as palavras: "Avante, filhos da pátria! O dia de glória chegou" e convoca os franceses a "deixar que o sangue impuro lave seus campos". A música, intitulada "Canto de Guerra para o Reno", após uma cerimônia em Marselha ficaria conhecida como "A Marselhesa", hoje hino da França.

Mas, na época, a principal canção dos exércitos revolucionários era outra, "*Ça Ira*" (em português, algo como "Vai dar certo"), uma antiga canção nacional ressignificada na luta contra os realistas – "celui qui se eleve, on l'abaissera" ("aquele que se eleva, será rebaixado") dizia um de seus versos poderosos. Outras músicas também se tornaram célebres, como "*La Carmagnole*" ("A Caramanhola", de 1792) e "*Le Chant du départ*" ("A Canção da Partida", de 1794), a canção revolucionária preferida de Napoleão. Já "*Réveil du Peuple*" ("O Despertar do Povo"), de Gaveaux, foi o hino dos contrarrevolucionários.

Estima-se 116 canções políticas compostas em 1789, 261 em 1790, 308 em 1791, 320 em 1792, 590 em 1793 e 791 em 1794. Em 1795, a propósito, foi criado o Conservatório Nacional de Música. A Revolução contava com a presença de uma grande quantidade de músicos em todas as grandes festas revolucionárias (o que, aliás, foi fonte de trabalho bem remunerado). A primeira festa revolucionária, por exemplo, contou com 1.200 instrumentistas de sopro. O "Hino à Natureza", de Gossec, executado ao amanhecer de 10 de agosto de 1793 na Bastilha, comportava quatro coros. Cherubini, um dos mais competentes compositores a serviço da Revolução, foi fundamental para a ordenação da partitura como conhecemos hoje.

No período napoleônico, músicas foram especialmente compostas para eventos como a coroação de Napoleão. Beethoven (1770-1827), embora não negasse suas simpatias republicanas, acabaria repudiando Napoleão – "tão tirano quanto os outros!" –, rasgando a dedicatória feita a ele em sua obra intitulada "Eroica".

Durante a guerra, o governo endurecia em suas medidas. Por proposição do girondino Roland, a Assembleia decretou que qualquer um que não prestasse juramento à Constituição poderia ser deportado para a Guiana ou encarcerado. Enquanto isso, novas sublevações camponesas contra a carestia ocorreram na bacia do Sena e do Loire.

Em abril de 1792 foi utilizada, pela primeira vez, a guilhotina, o "melhor remédio para dores de cabeça e cabelos brancos", nas irônicas palavras do escritor Charles Dickens. Inicialmente posicionada na praça do Carroussel, ela foi

A GUERRA REVOLUCIONÁRIA E A CONVENÇÃO GIRONDINA **111**

instaurada a seguir na praça da Concórdia e, por fim, no subúrbio Saint-Antoine, atual praça da Nação. A máquina foi desenvolvida a partir de uma moção feita em 1789 pelo deputado Joseph-Ignace Guillotin. Sua ideia era uma forma rápida, barata, indolor e racional de execução, em contraste com as longas e dispendiosas cerimônias de tortura e execução do Antigo Regime. No Antigo Regime, ter a cabeça cortada era um privilégio reservado à nobreza; os não privilegiados eram submetidos à forca ou a suplícios. Além de acabar com a tortura, a Revolução também aboliu o opróbrio que tradicionalmente caía sobre a família dos condenados. A guilhotina celebraria a igualdade, dado que todos os criminosos, não importa o *status,* seriam mortos da mesma maneira. (Entre 1792 e 1794, 2.500 pessoas seriam guilhotinadas, um número reduzido ao lado das outras formas de execução, como massacres com armas brancas, fuzilamentos e afogamento.)

Em junho de 1792, exércitos prussianos, liderados pelo duque Brunswick, chegaram às fronteiras da França. Sob proposta de Brissot, os deputados da Assembleia proclamaram a "pátria em perigo", o que significava, na prática, requisição de todas as armas para o governo e convocação geral de voluntários para combater os inimigos.

## OS *SANS-CULOTTES*

O termo *sans-culotte* (literalmente, "sem calças", referência ao fato de usarem uma calça comprida em vez dos calções da aristocracia) apareceu entre 1791 e 1792 para se referir a uma categoria de parisienses revolucionários. Um documento de maio de 1793 retratava um *sans-culotte* como "um ser que anda sempre a pé e que mora modestamente com sua mulher e seus filhos, se os tiver, no quarto ou quinto andar". O *sans-culotte* poderia ser um artesão, um pequeno patrão ou um *compagnon* (intermediário entre aprendiz e mestre), vivendo como artesão assalariado, criado doméstico ou pequeno comerciante. Desse modo, o termo não se referia exatamente a uma "classe", tampouco a um "proletariado urbano", mas designava uma aspiração política compartilhada por grupos citadinos e desprivilegiados, em geral enraizados em sua própria localidade e inseridos em redes familiares e corporativas. O mesmo documento, a propósito, menciona Claire Lacombe e Jacques Roux como exemplos da *sans-culotterie.*

O traje típico de um *sans-culotte* era a *carmagnole* (uma espécie de jaqueta curta), uma calça listrada e um boné vermelho, o barrete frígio. O boné vermelho havia sido usado durante o Império Romano pelos escravos que tinham conseguido emancipação de seus mestres e cujos descendentes eram, por esta razão, cidadãos do império. O pique no punho e o sabre de lado indicavam o cidadão armado para defender a Revolução. Um *sans-culotte* chama o outro apenas de "você" ("*tu*", em francês) em vez de "senhor" e refere-se ao próximo como "cidadão" e "cidadã". O igualitarismo e a fraternidade *sans-culotte* se definem por oposição ao "aristocrata". Enquanto o *sans-culotte* tem como ideal a reunião das virtudes públicas e privadas (o "bom cidadão", o "bom filho" e o "bom pai"), o aristocrata é visto como alguém corrupto na vida pública e libertino na vida privada.

No contexto de guerra, os *sans-culottes* ganharam protagonismo em Paris. Nas jornadas do dia 20 de junho, sob a liderança do açougueiro Antoine-Joseph Santerre e do cambista Alexandre, eles ameaçaram o rei e a rainha nas portas do Palácio das Tulherias. Cartazes diziam "Marie Antonieta na lanterna", fazendo referência à prática de enforcar pessoas em postes de luz. Pela primeira vez, os "federados" das províncias, especialmente de Marselha, tiveram papel decisivo em uma manifestação parisiense. O rei, para tentar acalmá-los, apareceu bebendo vinho e utilizando o boné vermelho.

Em 7 de julho, o bispo de Lyon, Adrien Lamourette, exortou os deputados a esquecerem as próprias divisões e unirem-se contra os inimigos. Essa exortação ficaria conhecida como o "beijo de Lamourette" e é vista como o último suspiro da busca pela unanimidade *à la* 1789. De fato, a Assembleia estava profundamente dividida e as massas urbanas, definitivamente no jogo político.

## A NOVA ASSEMBLEIA CONSTITUINTE E O FIM DA MONARQUIA

No dia 3 de agosto de 1792, veio à luz um manifesto escrito pelo duque de Brunswick em que ameaçava os "rebeldes" parisienses de execução. Quando veio a público a informação de que o duque havia sido recebido por Luis XVI em 28 de julho de 1792, muitos franceses se sentiram traídos pelo monarca. Diante disso, 47 das 48 seções de Paris proclamaram a queda do rei. Na verdade, deram um ultimato à Assembleia para que até a meia-noite de 9 de agosto o depusesse; caso contrário, a vida dos próprios deputados estaria em risco. O Palácio das Tulherias foi invadido pela população de

A GUERRA REVOLUCIONÁRIA E A CONVENÇÃO GIRONDINA **113**

Paris e muitos criados do rei foram dilacerados. O rei conseguiu fugir de sua residência para a Assembleia Legislativa. Salvou-se assim de uma morte violenta, mas tornou-se, desde então, prisioneiro no Temple, no distrito de Marais. Um cartaz humorístico, afixado em frente ao Palácio das Tulherias, dizia: "Para alugar."

Foi então que a Comuna de Paris, formada em 1789, afastou os grupos monarquistas ou moderados e tornou-se Comuna Insurrecional de Paris, chegando a ter 288 membros eleitos pelas seções e exercendo forte pressão sobre os deputados da Assembleia. Com a nova Comuna, um comitê de vigilância substituiu os juízes e a polícia em Paris. Na Comuna, Chaumette e Hébert figuravam como lideranças. Temendo pela própria vida, 60% dos deputados fugiram ou renunciaram a seu cargo na Assembleia. Era o fim do predomínio político dos moderados *feuillants*.

Em 10 de agosto, a Constituição da França foi extinta depois de parcos 11 meses de sobrevivência. A França passou a ser governada por seis semanas por um conselho executivo provisório que tinha à testa Danton (o homem forte do momento na Assembleia) e os girondinos Brissot, Roland e Clavière. Os deputados anunciaram novas eleições para uma nova assembleia constituinte. A nova república, sob inspiração dos Estados Unidos, chamou-se Convenção. As eleições continuaram indiretas em dois graus, mas admitiram, pela primeira vez na história, o sufrágio universal (isto é, não censitário) masculino, embora os criados e os desempregados continuassem excluídos do rol de eleitores. A Comuna Insurrecional foi reconhecida pela Assembleia.

Em poucos dias, a Convenção aboliu (dessa vez, sem indenização!) o que restava dos direitos senhoriais. Os panfletos realistas foram proibidos de circular; os bens dos emigrados foram todos vendidos; foi autorizada a prisão de contrarrevolucionários; e a deportação de padres refratários foi levada a cabo.

Para escândalo de Roma, a Convenção aprovou o divórcio, mantendo a guarda dos filhos para a mãe. Nas palavras de Desmoulins: "a supremacia conjugal do marido é uma criação de governos despóticos. E para reforçar minha opinião há também uma razão política: é preciso fazer com que as mulheres amem a Revolução". (Essa lei seria revogada com o fim da Revolução, e a França só terá uma lei do divórcio semelhante a essa em 1975.) Com a nova lei, a maior parte dos pedidos de divórcios ocorreu por iniciativa de mulheres urbanas. A cidade, afinal, oferecia à mulher empregos, além de locais para morar, como albergue, pensão ou o quarto mobiliado, algo mais difícil na comunidade rural. Em Rouen, por exemplo, 97% das mulheres que solicitaram o divórcio tinham algum emprego.

A Convenção aprovou também os registros civis de identidade, importante marco da sociedade moderna. Antes, esse tipo de documento estava a cargo da Igreja Católica. A partir daí, as certidões de nascimento, morte e parentesco passaram a ser indispensáveis no casamento, na herança, no exército e no trabalho. (Em 1808, o sobrenome se tornaria também obrigatório para fins de registro.)

Enquanto essas mudanças políticas ocorriam na França, a guerra prosseguia. O *feuillant* La Fayette, naturalmente, perdeu o comando das tropas para Charles Dumouriez e François Kellermann. Nesse momento, o exército francês era composto essencialmente por voluntários. Em 20 de setembro de 1792, no planalto de Valmy, Dumouriez obteve uma vitória militar sobre o exército prussiano de Brunswick. A bem da verdade, foi menos um triunfo que uma retirada do exército adversário, corroído pela disenteria. Por isso, como feito militar, a Batalha de Valmy carece de importância. Como símbolo, trata-se de um dos momentos mais importantes da Revolução: forja-se o mito do início da grande virada na guerra.

Ao menos cinco reis ou futuros reis presenciaram a batalha: Frederico Guilherme, rei da Prússia; seu filho; os dois irmãos mais novos de Luís XVI, que reinariam após a queda de Napoleão como Luís XVIII e Carlos X; e, único futuro rei ao lado da França, o "Felipe Igualdade", duque de Orléans, cujo filho Luís Felipe seria rei entre 1830 e 1848. O jovem Luís Felipe, contudo, passou para o lado austríaco, o que provocou a prisão e a morte do pai em Paris. Do lado prussiano, outra célebre testemunha, o escritor Johann Wolfgang von Goethe, que posteriormente chamou a batalha de início de uma "nova época histórica".

Também em setembro de 1792, enquanto corriam notícias sobre uma possível invasão prussiana contra a França, diversos grupos populares invadiram prisões de Paris – como a Abbaye, o Châtelet, a Force, a Salpêtrière e a Bicêtre – em busca de justiça contra a "punhalada nas costas" dos franceses por parte do clero e da aristocracia e por conta do vazio de poder sentido pela população com o rei preso e o comando de um governo provisório. Nesses ataques, muitos prisioneiros foram mortos; aristocratas, clérigos e membros da família real especialmente, mas também pessoas que nada tinham a ver com a aristocracia. Muitos historiadores interpretam os massacres como produto de uma vingança coletiva exercida contra indivíduos que, para os revoltosos, encarnavam os grupos detestados.

Em 19 de setembro, alguns deputados condenaram os "homens pérfidos e agitadores" que atiçavam as "vinganças populares". Em resposta, Robespierre emitiu uma de suas mais célebres frases: "Vocês querem uma Revolução sem Revolução?"

Em 21 de setembro de 1792, reuniu-se finalmente a nova Assembleia Constituinte, a terceira assembleia da Revolução. Os 749 deputados eleitos estavam divididos em grupos de acordo com seus interesses e formas de pensar.

Um primeiro grupo era chamado de "Montanha" e abrigava jacobinos e outros grupos de esquerda. O nome "Montanha" deriva dos assentos em lugares altos que ocupavam na Assembleia. Os "montanheses" eram, ao fim, 270 deputados. Entre eles estavam Robespierre, Danton, Jacques-Louis David, Desmoulins e o mais jovem de todos, Louis-Antoine de Saint-Just, então com 25 anos. Em geral, defendiam uma aliança com os *sans-culottes* da Comuna de Paris e eram favoráveis ao dirigismo econômico. No mesmo setembro de 1792, Robespierre afirmou: "os alimentos necessários ao homem são tão sagrados quanto à própria vida. Tudo o que é indispensável para mantê-la é propriedade comum a toda sociedade".

Outro grupo de deputados era constituído pelos chamados "girondinos" (muitos dos quais, como vimos, também oriundos do Clube Jacobino), comportando ao fim cerca de 160 deputados, entre eles Brissot, Vergniaud, Guadet, Gensonné, Isnard, Louvet, Condorcet, Paine, Cloots, Rabaut Saint-Étienne, Pétion, Buzot, Barbaroux e Roland. Em geral, os girondinos eram um tanto hostis à Comuna e menos favoráveis à intervenção do governo na regulamentação dos salários e preços. Roland, por exemplo, disse em dezembro de 1792: "a única coisa que a Assembleia pode se permitir a respeito dos alimentos é anunciar que não deve fazer nada, que retira todos os entraves, que declara a mais plena liberdade na circulação dos gêneros".

Apesar das diferenças, tanto montanheses quanto girondinos eram membros originários da pequena burguesia, sendo, em sua maioria, advogados. Ambos eram republicanos e defensores da propriedade privada. Nesse momento, nem jacobinos nem girondinos defendiam a monarquia, o Antigo Regime ou o voto censitário. Segundo o historiador Yves Benot, os girondinos faziam com mais frequência oposição ao tráfico de escravizados, enquanto alguns jacobinos, principalmente Desmoulins, enxergavam a Revolução no Haiti como uma ameaça à "unidade" da França, de forma semelhante às regiões francesas controladas pelos contrarrevolucionários.

Os demais deputados, que não pertenciam a nenhum desses dois grupos, faziam parte da chamada "Planície". Entre eles estava, por exemplo, Sieyès, que permaneceu obscuro nesse período ("apenas sobrevivendo", diria depois). Na hora das votações, tais deputados precisavam escolher um lado e, por isso, era a Planície que acabava, muitas vezes, definindo se a vitória seria dos girondinos ou dos jacobinos.

Como primeira medida, a Assembleia formalizou o fim da monarquia.

Os girondinos, reforçando seu belicismo, propuseram criar um "cinturão de repúblicas" ao redor da França.

Em setembro, o exército francês tomara Nice e Spira; em outubro, Worms e o bispado da Basileia; os austríacos abandonaram Lille e os prussianos evacuaram Verdun e Longwy. Em 19 de outubro, o território francês foi invadido. Nos dias seguintes, em resposta, os franceses entraram na Bélgica. Em novembro, venceram os austríacos em Jemmapes.

Em 22 de setembro, a Assembleia proclamou a república na França, anunciou um novo calendário e adotou oficialmente o sistema métrico e decimal, que vinha ao encontro de uma proposta de um sistema racional, natural e pretensamente universal. (Enfrentando enorme resistência por conta dos antigos hábitos e costumes, o sistema métrico decimal só conseguiria se impor em 1840.) O domingo foi abolido e os dias de santos foram substituídos por dias consagrados à razão e à natureza: o dia de Santa Cecília tornava-se então o "dia do nabo", o de Santa Catarina o "dia do porco" e o de Santo André o "dia da picareta". Cada mês foi dividido em três períodos de dez dias, sendo que o último de cada um deles feriado. O dia da Proclamação da República tornou-se o primeiro dia do Ano I da então chamada "Era dos franceses". Os meses tradicionais foram substituídos pela consagração da natureza. Foi o poeta Fabre d'Églantine o arquiteto dos novos nomes.

- Vendemiário, mês da colheita das uvas (entre setembro e outubro)
- Brumário, mês das brumas e neblinas (entre outubro e novembro)
- Frimário, mês do frio (entre novembro e dezembro)
- Nevoso, mês da neve (entre de dezembro e de janeiro)
- Pluvioso, mês das chuvas (entre janeiro e fevereiro)

- Ventoso, mês dos ventos — (entre fevereiro e março)
- Germinal, mês da germinação de plantas — (entre março e abril)
- Floreal, mês da floração — (entre abril e maio)
- Prairal, mês dos prados verdes — (entre maio e junho)
- Messidor, mês das colheitas — (entre junho e julho)
- Termidor, mês do calor — (entre julho e agosto)
- Frutidor, mês das frutas — (entre agosto e setembro)

Grande parte da população, especialmente nas regiões mais distantes de Paris, ignoraria o calendário revolucionário. O matemático e astrônomo Laplace alertou para os problemas relativos ao ano bissexto, motivo para que esse calendário fosse abandonado em 1806.

Com a República, um mundo novo era anunciado. A Catedral de Notre-Dame foi rebatizada de "Templo da razão". Trinta cidades mudaram de nome. Montmorency, por exemplo, passou a se chamar "Emílio", em homenagem ao livro de Rousseau. Homens chamados Luís tornaram-se Brutus ou Spartacus, em tributo aos heróis dos tempos da república romana. Sobrenomes como Le Roy (O Rei) viraram La Loi (A Lei). Algumas crianças foram batizadas com o nome de "Constituição". A abelha rainha perdeu esse nome: por que qualquer liderança deveria ser associada à realeza? Nas cartas de baralho, os reis e as rainhas tornaram-se Voltaire e Rousseau. Nos jogos de xadrez, bispos e torres tornavam-se liberdades e igualdades.

Na Basílica de Saint-Denis, estavam enterrados os ossos de antigos reis da França, como Carlos Magno e Luís XIV. No novo ímpeto revolucionário, seus túmulos foram destruídos e seus ossos jogados num terreno baldio. O cetro e a coroa do rei acabaram derretidos e transformados em moedas republicanas. Vigorava a ideia de que derrubar antigos monumentos abriria espaço para uma nova história em construção. Para preservar parte do patrimônio francês dessa revolta contra tudo o que significava o passado e as tradições, em 10 de agosto de 1793, os jacobinos inauguraram o Museu Central das Artes, o Museu do Louvre (nunca houve, portanto, vandalismo como política de Estado).

## LUÍS XVI DEVE MORRER?

Em 20 de novembro de 1792, no Palácio das Tulherias, foi encontrado um armário de ferro no qual havia evidências do jogo duplo do rei e suas reticências em aceitar diversas medidas da Revolução. Embora não houvesse prova formal do conluio do rei com potências inimigas, os documentos foram a público apresentados dessa forma. Foi então aberto um processo contra o rei.

Nessa época, em Paris, uma tradução francesa do julgamento do rei Carlos I da Inglaterra no século anterior tornou-se um sucesso de vendas. O deputado Barère, que presidia a Convenção, começou as acusações contra o rei dizendo: "O povo da França o acusa de ter cometido uma multitude de crimes para estabelecer a tirania e destruir a liberdade." As acusações elencadas contra Luís XVI voltavam aos primeiros dias da Revolução: ser conivente com os massacres nas Tulherias e no Campo de Marte, quebrar os juramentos, ter deixado uma insígnia revolucionária ser pisoteada em Versalhes, ter apoiado os sacerdotes refratários, encorajado a emigração, fugido para Varennes e sabotado a defesa nacional. Primeira questão posta em votação: Luís XVI é um criminoso, culpado por traição? Resultado inconteste: culpado (de acordo com 691 dos 721 deputados).

Em segundo lugar, a questão mais difícil: uma vez considerado culpado, o que deve ser feito com o rei; pena de morte, prisão ou exílio? Por trás dessa questão, havia um debate complexo: afinal, quem estava sendo julgado? O rei ou o homem? O monarca de 1791 ou monarca de 1789? O monarca em si ou toda a monarquia?

Para Robespierre, o rei deveria ser morto sem julgamento. "Não existe processo algum a ser iniciado. Luís não é um acusado. Vós não sois juízes" – afirmou o deputado jacobino para quem, se Luís XVI fosse a julgamento, significaria que existia uma possibilidade de ele ser inocente. E se ele fosse inocente, toda a Revolução seria culpada, a Convenção seria criminosa, perderia o direito de existir e, consequentemente, de julgar. Saint-Just, por sua vez, dizia que o rei deveria morrer sem passar por julgamento porque não era um homem que violou uma lei, mas alguém que recusara a própria Constituição.

A posição dos girondinos era outra. Embora não fossem realistas, temiam a radicalização. Brissot acreditava ainda que o regicídio poderia fortalecer a posição dos realistas. Em defesa de Luís XVI, Olympe de Gouges escreveu uma série de panfletos: "acredito que Luís seja culpado enquanto rei, mas desprovido desse título, ele deixa de ser culpado". Mais tarde, ela fixou nos muros de Paris um cartaz contra Robespierre: "teu hálito infecta o ar puro que nós respiramos; tua pálpebra vacilante exprime, mesmo que não queiras, toda a torpitude de tua alma e cada um dos teus cabelos contém um crime".

A GUERRA REVOLUCIONÁRIA E A CONVENÇÃO GIRONDINA 119

Sua oposição à pena de morte e sua proximidade com os girondinos seriam a razão oficial para ela ser guilhotinada no ano seguinte, em novembro de 1793. É claro que esse não foi o único motivo, como fica claro no anúncio de sua morte no jornal *Moniteur*: "a lei puniu esta conspiradora por ter se esquecido das virtudes que convêm ao seu sexo".

Foi o deputado Thomas Paine que discursou (na verdade, um tradutor francês discursou por ele) por mais tempo contra a pena de morte. Os argumentos de Paine eram, fundamentalmente, quatro. Primeiro, ele era contrário à pena de morte, pois ela punia "um crime com outro" e transformaria o aparelho legislativo numa máquina judiciária e abriria um precedente que poderia se voltar contra os próprios deputados. Em segundo lugar, a execução do rei seria uma confirmação de uma visão típica do Antigo Regime, que superestimava a importância rei: "é o cargo de rei, antes que o detentor do cargo, que acarreta consequências funestas", argumentou. Em terceiro, a morte de Luís XVI despertaria o ódio dos príncipes europeus e estimularia os sucessores do trono a tentar tomar o poder, a exemplo da Revolução Inglesa. Por último, era preciso reconhecer a ajuda que Luís XVI dera aos norte-americanos. Paine defendeu que Luís XVI ficasse preso durante o período de guerra e, depois, enviado para o exílio nos Estados Unidos.

Robespierre acusou Paine de ser um estrangeiro infiltrado e não aceitar a necessidade de medidas duras quando as circunstâncias o exigem. Por isso, Paine, de acordo com Robespierre, não era um "moderado", mas um "moderantista". Marat disse que a religião da família de Paine, *quaker,* era contrária à pena de morte, e por isso ele não poderia opinar. (O fato de um argumento religioso ser rejeitado na discussão sobre a pena de morte é algo que nos lembra a distância entre o julgamento de Luís XVI e o do rei da Inglaterra, Carlos I, mais de um século antes, quando o argumento religioso era hegemônico entre todos os lados). Paine acabou derrotado. (A França só aboliria a pena capital em 1981.)

Em sua própria defesa, Luís XVI argumentou que nada anterior à Constituição de 1791 poderia ser utilizado contra ele. "Onde não há lei não há julgamento", disse um de seus advogados, possivelmente referindo-se a uma frase de John Locke. O monarca, em diversos momentos, culpabilizou seus ministros e recusava a autoria de diversos documentos apresentados por seus acusadores. Morisson, deputado da Vendeia, sustentou que a Constituição foi posta sob proteção do rei: por isso, embora fosse culpado, a lei proibia puni-lo.

O mais impressionante é que as defesas se deram dentro das demarcações da Revolução Francesa, e não evocaram a tradição ou o direito divino.

Em de janeiro de 1793, iniciaram-se as votações. Por 482 votos a 287, uma vitória dos jacobinos sobre os girondinos: a pena a ser votada na Assembleia não seria submetida à ratificação popular. Os jacobinos argumentavam que um plebiscito poderia dar espaço aos realistas. No que diz respeito à pena, havia quatro opções: a morte imediata do rei, a morte com adiamento, a detenção seguida por exílio ou trabalhos forçados. Primeira votação: 366 votos pela morte imediata, 34 pela morte com adiamento, 319 pela detenção e exílio, 2 votos pelo trabalho forçado. Sob protestos de alguns deputados, foi feito um escrutínio retificativo no dia 18 de janeiro: 361 deputados votaram pela morte imediata, 360 contrários. No dia 19, a última votação: o adiamento da morte foi rejeitado por 380 votos contra 310. "Está feito, a estrada da volta agora está vetada", concluiu o montanhês Philippe Le Bas. A morte do rei, portanto, estava longe de ser consenso, e, até os dias de hoje, os historiadores discutem a sua legalidade e impacto (em 1989, por exemplo, foi célebre um debate entre os estudiosos Ferenc Fehér e Michael Walzer, o primeiro afirmando que a morte do rei não obedeceu aos princípios da legalidade, o segundo que sim).

Desde dezembro, Luís XVI estava instalado no segundo andar do Temple isolado de sua família (a rainha fora colocada no terceiro andar). Seu aposento tinha 65 metros quadrados, dividido em quatro partes: uma antecâmara, na qual se revezavam os vigias e estava afixada uma Declaração de Direitos do Homem e do Cidadão; o quarto de dormir do rei; uma sala de jantar; outro quarto, reservado ao seu mordomo, Jean-Baptiste Cléry, preso com ele. No dia 21 de janeiro de 1793, às 10 horas e 22 minutos, na praça da Revolução (atual praça da Concórdia), o rei foi guilhotinado. Em junho, o papa anunciou que o falecido rei era um mártir: "temos certeza de que trocou a frágil coroa real e os lírios efêmeros por uma coroa eterna decorada com os lírios imortais dos anjos".

Com frequência, destaca-se o simbolismo do ato que representou o rompimento com uma tradição antiquíssima de obediência ao monarca. Contudo, isso não deve ocultar o caráter pragmático da condenação de Luís XVI: diante de invasões estrangeiras e de revoltas internas, a morte do rei privaria os realistas de seu líder natural. Ademais, a defesa que os girondinos fizeram da vida do rei daria aos jacobinos o pretexto para acusá-los de traidores. O julgamento do rei deixou no ar a ideia de que, entre os girondinos e o monarca, havia uma "semelhança de destino", nas palavras do historiador Jaurès.

## A QUEDA DOS GIRONDINOS

Enquanto isso, os exércitos franceses avançavam na Bélgica e na Península Itálica. Saboia, no norte da Itália, tornou-se um departamento da França e passou a ter uma Convenção própria. Diante da expansão francesa, a Coroa britânica se juntou aos inimigos da Revolução: Inglaterra, Áustria, Prússia, Espanha, Províncias Unidas e alguns principados alemães e italianos formaram a Primeira Coalizão Antifrancesa.

Com a entrada da Inglaterra, a guerra mundializou-se: franceses enfrentavam os britânicos no mar e enviaram tropas para o sul Índia a fim de assistir ao sultão Tippoo, rei do Maiçor, em sua luta contra a Companhia das Índias. Contudo, uma deserção: Dumouriez, general dos franceses, juntou-se aos austríacos em março de 1793. Como Dumouriez era próximo a Brissot, os jacobinos ganharam mais um argumento para associar os girondinos à traição.

No esforço de guerra, a Convenção convocou 300 mil homens para o combate, o que deflagrou a chamada "Guerra da Vendeia", como veremos adiante. Ao mesmo tempo, os líderes da Convenção criaram uma série de mecanismos para investigar e julgar estrangeiros e contrarrevolucionários, como o Tribunal Extraordinário (10 de março), futuro Tribunal Revolucionário, os Comitês de Vigilância (21 de março) e o Comitê de Salvação Pública (6 de abril), então controlado pelos deputados Danton e Barère. O Tribunal Revolucionário evocava tribunais especiais do Antigo Regime (*justices prévôtales*) que tinham o direito de julgar e executar acusados em tempo reduzido, algo justificado pela necessidade de punição imediata. Enquanto isso, alguns deputados foram despachados com a missão de supervisionar o recrutamento de combatentes nas diversas regiões da França.

Os girondinos criaram um comitê para redigir uma nova Constituição, tendo à frente Paine e Condorcet. O texto, concluído em fevereiro de 1793, era enorme: 402 artigos. O homem que o leu diante da Convenção chegou a ficar sem fôlego e precisou ser substituído. Tratava-se da proposta mais democrática até o momento, sustentada pelo sufrágio sem restrições de renda e por um modelo de governo descentralizado. A proposta de Carta constitucional dos girondinos jamais seria aprovada; desagradara os jacobinos (que eram favoráveis a um governo forte e centralizado) e reforçava a imagem dos girondinos como "federalistas". Em abril, contra as acusações de "moderantismo" (excessivamente moderados, obstáculos aos avanços da Revolução) feitas por

Robespierre, o girondino Verginaud declarou: "sim, somos moderados... tenho ouvido falar muito de revolução, e disse a mim mesmo: só há duas possíveis, a das propriedades ou a lei agrária, e a que nos conduziria ao despotismo. Tomei a firme resolução de combater ambas. Tem-se procurado consumar a revolução pelo terror; eu desejo consumá-la pelo amor".

Nesse período, a fome tomava Paris, despontava uma sangrenta guerra civil na região da Vendeia e a França via-se ameaçada de invasão por governos estrangeiros.

Jacques Roux e os enraivecidos (uma ala dos *sans-culottes*) exigiam o confisco dos bens dos ricos, a convocação em massa, o estabelecimento de um teto máximo para os preços, a morte de "todos os açambarcadores" (isto é, que "ocultavam mercadorias" para especular), a proibição da exportação de cereais e a criação de armazéns públicos. "Igualdade é uma mera ilusão enquanto o homem rico tiver poder sobre a vida e a morte de seus semelhantes por meio do monopólio. Liberdade é uma mera ilusão, enquanto uma classe de homens fizer com que outra passe fome impunemente. Serão as propriedades dos canalhas mais sagradas que a vida do homem?", escreveu Jacques Roux em *Le Publiciste de la Republique*.

Para conter o que viam como desordem pública, em abril de 1793, os girondinos tentaram acusar Marat de incitá-la. Marat acabou inocentado e foi carregado nos ombros por manifestantes nas ruas de Paris.

Em maio de 1793, o girondino Guadet solicitou que a Convenção anulasse a Comuna, despertando novas reações da população de Paris. Finalmente, entre 31 de maio e 2 junho, *sans-culottes* das seções de Paris sitiaram a Convenção. Em 31 de maio, o sino tocou, os tambores soaram e o canhão funcionou como alarme para o início de um levante popular. No dia 2 de junho, François Hanriot, comandante da Guarda Nacional de Paris (a única força armada da cidade), cercou a Assembleia e exigiu a prisão dos deputados e ministros contrários à Comuna, isto é, os girondinos (29 deputados e 2 ministros "girondinos" estavam na lista; como veremos adiante, uns morreram, outros foram presos.). A Comuna de Paris exigia também o tabelamento dos preços, a distribuição de socorros públicos aos anciãos e aos enfermos e a criação de um exército revolucionário. Diante dessa pressão, a Assembleia aceitou finalmente colocar em votação essas demandas da Comuna.

No equilíbrio de forças políticas, a aliança "girondinos-Pântano", que dominara a Convenção até então, foi substituída por outra, "jacobinos-Pântano", sob pressão da Comuna e dos *sans-culottes*. Os historiadores Bluche, Rials e Tulard assim sintetizaram o que chamaram de golpe de junho de 1793: "a Gironda morreu por causa de suas incoerências; por ter querido a guerra sem saber como conduzi-la; por ter combatido Luís XVI de todas as maneiras para hesitar em salvá-lo; por ter agravado a crise econômica sem remediá-la; por ter, finalmente, querido frear uma dinâmica revolucionária da qual ela fora aceleradora".

Lembremo-nos, contudo, que a queda dos girondinos aconteceu em Paris. Nada garantia que as províncias iriam seguir o novo governo revolucionário. Além disso, os deputados da Montanha, tendo triunfado graças aos *sans-culottes* parisienses, não cogitavam de fato realizar todo o programa social e político exigido pelos militares de Hanriot. Nos meses seguintes, a tensão entre *sans-culottes* e a Montanha seria parte fundamental dos novos conflitos políticos num momento em que o país vivia na extrema penúria, com guerras despontando dentro e fora da França.

# A Revolução Jacobina
(Junho de 1793 - Julho de 1794)

## A CONSTITUIÇÃO DE 1793 E OS COMITÊS

Após a queda dos girondinos, entre junho de 1793 e julho de 1794, a Montanha, isto é, os jacobinos e outros grupos de esquerda, estiveram à frente da Convenção, em aliança com o Pântano e sob pressão dos *sans-culottes*.

Apenas oito dias depois da queda dos girondinos, os montanheses apresentaram o texto de uma nova Constituição, a segunda da Revolução. Em julho de 1793, um referendo aprovou essa Constituição com 1 milhão e 800 mil votos a favor e 11 mil contrários. Na votação, os criados continuaram excluídos, mas houve a participação de mulheres em algumas localidades. A nova Constituição seria traduzida em diversas línguas locais e 1 milhão de cópias seriam distribuídas. A chamada "Constituição do Ano I" instaurou o sufrágio universal masculino, consagrou o direito de insurreição, reintroduziu a figura do "Ser Supremo" e tornou a Igualdade o mais importante dos direitos. Afirmava que a "felicidade é propósito da vida social" (1º artigo), garantia a "assistência pública" e a liberdade econômica (artigo 17), o "direito ao trabalho" (artigo 21), a "instrução ao alcance de todos" (artigo 22) e submetia a propriedade privada "ao interesse público" (artigo 19).

No dia 10 de agosto de 1793, um exemplar da Constituição foi depositado na sala de sessões da Convenção. Contudo, ela jamais seria aplicada (como veremos, ela será oficialmente suspensa em outubro), e a Assembleia previamente eleita, "depurada" da oposição girondina, permaneceria no poder sem novas eleições. Aplicar a Constituição antes de esmagar as guerras internas e externas – diziam os convencionais – seria pôr em perigo toda a Revolução.

Nesse ínterim, o Comitê de Salvação Pública – cujo nome remetia a um dito do filósofo romano Cícero, *salus populi suprema lex esto* (a "salvação do povo é a suprema lei") – ganhou um papel central no governo revolucionário. O Comitê era um subcomitê da própria Convenção, a qual elegia seus membros. Sua função era vigiar os generais, as municipalidades e a administração dos departamentos, prestando contas, a cada oito dias, à Convenção. O Comitê era uma instituição colegiada, de modo que o voto de todos os membros tinha o mesmo peso. No Comitê estavam, desde setembro de 1793 até a queda dos jacobinos, os "doze que governaram", nos termos do historiador Robert Palmer. Eram eles os advogados Barère, Robespierre, Saint-Just, Prieur de la Marne, Couthon, Billaud-Varenne, Lindet e Hérault de Séchelles (este último um ex-nobre); o teólogo protestante Jeanbon Saint-André; os militares Prieur de la Côte d'Or e Lazare Carnot (este também um importante matemático); e o ator Collot d'Herbois. Todos, com exceção de Hérault, eram originários da pequena burguesia. Nenhum, com exceção de Herbois, havia passado por dificuldades econômicas. Todos, com exceção de Collot, nasceram em pequenas cidades nas províncias. Apenas três, Robespierre, Barère e Prieur de la Marne, haviam participado da Assembleia dos Estados Gerais. Todos, sem exceção, eram entusiastas da filosofia das Luzes. Dos 920 documentos do comitê analisados pelo historiador J. M. Thompson, 272 foram assinados por Carnot, 244 por Barère, 146 por Prieur de la Côte d'Or, 91 por Lindet, 77 por Robespierre, 12 por Saint-Just e 1 por Prieur de la Marne. Dentro do Comitê havia várias divergências, como Carnot contra Saint-Just, e Billaud-Varenne e Collot contra Robespierre. Em vários momentos as propostas de Robespierre foram derrotadas, como no caso da liberdade de cultos. Por isso, a ideia de um Robespierre "ditador" não passa da reprodução de uma lenda divulgada após a sua queda por seus detratores que buscaram responsabilizá-lo, individualmente, pelos acontecimentos de 1793 e 1794. Embora fosse uma importante autoridade moral, o voto de Robespierre contava da mesma forma que os demais.

Além do Comitê de Salvação Pública, havia o menos conhecido Comitê de Segurança Geral, dotado de vastos poderes e composto por 14 deputados encarregados de enquadrar os suspeitos de tramar contra a Revolução nas regras da República. Por fim, agentes nacionais atuavam nos distritos e nas comunas, acompanhados, a partir de março de 1793, de "Comitês de Vigilância" (depois chamados "Comitês Revolucionários") responsáveis por controlar os movimentos de estrangeiros e demais suspeitos.

## GUERRAS CIVIS

Engana-se quem pensa que as únicas guerras que a Convenção montanhesa enfrentou foram externas. Na primavera de 1793, em oposição a uma convocação por sorteio de pessoas para o serviço militar, teve início um levante de camponeses que abrangeu toda a região ocidental, nos departamentos de Maine-et-Loire, Loire inferior, Vendeia e Deux-Sèvres. Esse levante ficaria conhecido como a Guerra da Vendeia, sendo o mais prolongado e cruento conflito do período.

Obviamente, a questão da convocação para o serviço militar foi apenas a gota d'água dos protestos. Os camponeses da região, embora simpáticos a 1789, tornaram-se inimigos da Revolução no catastrófico contexto da guerra da França com outros países. Acumulavam-se descontentamentos em relação aos altos impostos, à morte do rei e aos confiscos de terras da Igreja Católica, os quais eram, na prática, um ataque direto à vida comunitária, pois desagregavam a vida que se desenvolvia ao redor das igrejas e dos castelos.

Dada a importância fundamental da Igreja (que, como vimos, organizava festas, batismos e outros elementos importantes no cotidiano) para a vida regional, o general Canclaux havia chegado a propor à Convenção uma política conciliatória com os padres. A Convenção, contudo, rejeitara a resolução e decretara a morte de todos que utilizassem os símbolos brancos da monarquia. Barère falava em "destruir a Vendeia".

Na liderança da revolta contrarrevolucionária, mesclavam-se grupos monarquistas, membros da nobreza local (derivados da associação contrarre-volucionária bretã) e sacerdotes refratários. A imagem do nobre Henri de la Rochejaquelein, com apenas 21 anos e liderando as forças com um enorme chapéu emplumado, tornou-se símbolo do movimento local. As forças rebeldes à Convenção autodenominaram-se "Exército Católico e Real" e portavam bandeiras com imagens do Sagrado Coração de Jesus. Juntaram-se a elas outros nobres, como Charette, Lescure e Bonchamps. Mas havia também lideranças populares, como o almocreve Stofflet e o couteiro Maulévrier. Apesar da existência de lideranças, não é possível dizer que o levante possuía unidade, dado seu caráter altamente difuso.

Milhares de soldados foram enviados pelo governo para sufocar os descontentes da região. As batalhas terminaram entre 1793 e 1794, com a derrota dos revoltosos em Savenay, e suas sequelas seriam sentidas pelo menos até março de 1796, quando foram capturados Stofflet e Charette. Entre os mortos após julgamento, há registro de 3.458 executados em Nantes, 1.836 em Maine-et-Loire, 1.616 na Vendeia e 103 em Deux-Sèvres. Dentre eles, 6% eram burgueses, 3% eram clérigos, 2% nobres, 48% camponeses e 44% trabalhadores urbanos. A isso se somam as dezenas de milhares de mortes em batalhas, resultando em mais de 100 mil vidas perdidas nos dois lados.

O militar Westermann, em carta de agosto de 1793 ao Comitê de Salvação Pública, afirmou: "não há mais Vendeia, cidadãos republicanos. Ela morreu sob nosso sabre livre, com suas mulheres e seus filhos. Seguindo as ordens que vocês me deram, esmaguei as crianças sob os pés dos cavalos, massacrei mulheres que, ao menos essas, não engendrarão mais bandidos". Os massacres perpetrados receberam apoio em Paris, mas também críticas, mesmo de alguns nomes da esquerda, caso do revolucionário Graco Babeuf, que disse que os jacobinos agiram com os vendeanos como os espanhóis agiam com indígenas da América. Os jacobinos, contudo, enxergavam os camponeses que se revoltaram como simples marionetes da aristocracia lutando ao lado de reacionários amparados por governos estrangeiros.

O termo *Chouannerie*, associado à segunda parte dessas guerras, deriva do nome atribuído aos bandos camponeses da região, *chouan*. O termo "*chouan*" refere-se, segundo algumas fontes, ao pio da coruja (em francês, *chouette*) que Jean Cottereau imitava para reunir seus partidários. Embora ligadas, alguns historiadores a distinguem a Guerra da Vendeia da *Chouannerie*, que nunca contou com um exército organizado e assumiu a forma de uma batalha intermitente, descontínua e dispersa. Os conflitos localizados perduraram até a Era Napoleônica.

A Guerra Vendeia é um dos assuntos mais polêmicos da história francesa, perdendo apenas para o governo fascista de Vichy, no século XX. Enquanto os jacobinos enxergavam na revolta camponeses marionetes da aristocracia e reacionários amparados por governos estrangeiros, outros a tornaram símbolo da resistência e da fé (às vezes, os historiadores comparam essa memória a *Lost Cause* dos Estados Unidos, isto é, a narrativa produzida pelos derrotados na Guerra de Secessão). (Em 1939, o Vaticano chegou a beatificar muitas das crianças mortas nas aldeias.)

Em 1985, o pesquisador Reynald Secher escreveu um livro sobre o assunto, *Um genocídio francês*, o qual, repleto de dados pouco confiáveis, chegou a ser citado como fonte por historiadores como Simon Schama e Norman Davies. Outros historiadores, como Jean-Clément Martin, reforçam que muitas das mortes resultaram da ação independente de tribunais revolucionários locais e oficiais. O caso mais expressivo foram os massacres de Nantes sob ordem do agente em missão Jean-Baptiste Carrier, resultando em cerca de 4 mil mortos por fuzilamento ou afogados, método que ele chamava de "deportações verticais". Robespierre, contrário às ações, exigiu que Carrier voltasse a Paris, o que mostra como é problemático enxergar esses massacres como "expressões" de um "programa" da Convenção. Para Martin, a mencionada carta de Westermann, por exemplo, seria menos uma descrição do que de fato ocorreu do que uma tentativa de um general de autopromover-se e mostrar-se um valoroso soldado.

Mas a Vendeia não foi o único caso de oposição interna. Quando os girondinos caíram, 37 departamentos demonstraram apoio a eles e 47 enviaram cartas em protesto à Convenção. Uma vasta "revolta federalista" aconteceu em pelo menos 60 departamentos, na Bretanha, na Normandia, no sudoeste e no vale do Ródano. Em vários desses lugares, jacobinos foram perseguidos. E a Córsega chegou a separar-se da França, com apoio inglês. A "revolta federalista", diferente da Vendeia, não teve muitas lideranças contrarrevolucionárias. Na maioria dos casos, tratou-se de protestos contra as medidas centralistas da Convenção e a instabilidade decorrente dos eventos na capital.

## 130 REVOLUÇÃO FRANCESA

Em resposta, os montanheses no poder acusavam as províncias de quererem retroceder ao Antigo Regime, com seus particularismos locais. Pelo menos 14 mil pessoas foram sentenciadas à morte. Em Lyon, os deputados em missão Collot d'Herbois e Fouché planejaram uma execução em massa de rebeldes por meio de canhões, mas os montanheses optaram por métodos menos teatrais: a guilhotina e o fuzilamento de 1.900 pessoas.

Em julho de 1793, Charlotte Corday, originária da Normandia, assassinou Marat. Ela havia conseguido entrar na casa dele fingindo ser uma grande admiradora capaz de lhe fornecer informações sobre a revolta federalista. Corday acabou presa e foi executada em 17 de julho, vestindo a camisa vermelha reservada aos parricidas. "Eu matei um homem para salvar milhares", disse durante o próprio julgamento.

Se Corday viu a si própria como Brutus assassinando Júlio César, Jacques-Louis David também remeteu ao mundo antigo ao organizar para Marat um grande funeral em estilo romano, além de executar a célebre pintura do revolucionário morto em sua banheira, aos moldes de outra semelhante, feita à ocasião da morte de Lepeletier de Saint-Fargeau. O quadro, que passaria a ornar a sala da Convenção, lembrava aos representantes a necessidade de ação enérgica em favor da Revolução.

Também em resposta aos "federalistas", em agosto de 1793, Jacques-Louis David elaborou o Festival da Unidade Republicana. Na praça onde antes ficava a Bastilha, foi instalada uma fonte com a estátua de uma mulher, de cujos seios jorravam "as águas da liberdade e da igualdade". Um arco do triunfo foi erguido marcado por referências às mulheres heroínas de outubro de 1789. Os discursos proferidos no festival celebraram a igualdade entre os negros e brancos. Houve também um desfile que terminou na Praça da Revolução, onde, no mesmo local em que Luís XVI tinha sido guilhotinado, fora instalada uma estátua representando Hércules no alto de uma montanha (referência aos montanheses), segurando um *fasces* romano (símbolo da força e da união do povo) e, com uma clava na outra mão, esmagando a "hidra do federalismo".

Quase todas as gravuras da Revolução Francesa exibem algum tipo de julgamento moral, uma leitura do real com propósitos políticos. A estampa *O povo francês esmagando a hidra do federalismo* representa o povo como um Hércules segurando um *fasces* (a união popular) e esmagando a hidra da contrarrevolução. A Montanha representa os deputados da Convenção.

## AS GUERRAS ESTRANGEIRAS E OS *SANS-CULOTTES*

A guerra contra as tropas estrangeiras permanecia um desafio fundamental. Sessenta dos 83 departamentos haviam sido invadidos. Barère afirmou que a República francesa, combatendo nos quatro pontos cardeais, era uma "fortaleza cercada: a norte os austríacos, os prussianos ocupando a Renânia, os espanhóis e os piemonteses na França meridional".

# 132 REVOLUÇÃO FRANCESA

Em 23 de agosto, cedendo à forte pressão *sans-culotte,* a Convenção estabeleceu a convocação em massa (*levée en masse*) de todos os homens franceses solteiros, sem filhos, de 18 a 40 anos (como efeito adverso, nesse período a taxa de casamentos cresceu vertiginosamente). Quanto aos outros, os homens casados deveriam forjar as armas e transportar víveres; as mulheres, confeccionar uniformes e trabalhar nos hospitais; as crianças, cortar pano para fazer roupas; e os idosos, pregar em favor unidade. Os camponeses deveriam fornecer comida. Toda população também foi convocada para recolher salitre e entregá-lo a coletores, que o transformariam em pólvora. Enfim, todo cidadão e toda cidadã deveriam ser, de uma maneira ou de outra, "soldados da República".

O exército, então, passou a ter 750 mil homens (quase o dobro dos 400 mil de Luís XIV). Ao redor do Sena, foi desenvolvida uma produção de armas a partir de forjas e usinas siderúrgicas confiscadas da Igreja e dos nobres emigrados. Trabalhadores especializados eram retirados das tropas e integrados às fábricas de armas. "Cursos revolucionários" ensinavam a população a fabricar pólvora. As forças armadas – propagandeavam os jacobinos – eram uma "escola revolucionária". Para favorecer a adesão à causa, o governo subsidiava diretamente milhares de exemplares do *Père Duchesne* encaminhados para o *front.* Para atender à indústria bélica, em fevereiro, a Convenção aprovou uma grande derrubada de árvores em todas as florestas francesas.

Para essa mobilização ter sucesso, foi preciso estabelecer um determinado grau de consenso interno. A Montanha teve que fazer concessões aos *sans-culottes,* mas, ao mesmo tempo, buscou estabelecer um quadro legal que contivesse as demandas à esquerda da população de Paris e neutralizasse suas lideranças, não raro com prisões. Assim, a Convenção suspendeu as assembleias das seções de Paris, as quais agora poderiam se reunir apenas duas vezes por semana.

Os "enraivecidos", fração mais à esquerda dos *sans-culottes,* com Roux, Leclerc, Lacombe e Leon, exigiam a criação de um júri de cidadãos pobres para julgar os monopolizadores e agiotas. Robespierre, em resposta, acusava Roux de "demagogo". Preso em 5 de setembro, o "enraivecido" se suicidou na prisão.

Outra importante liderança popular era o boticário Jacques Hébert, filho de um joalheiro de Alençon e principal redator do jornal *Père Duchesne,* o que lhe rendeu o apelido de "O Homero do Lixo". Ex-membro dos *Cordeliers,*

Hébert reclamava da repressão contra os "novos brissotinos", isto é, o grupo de Danton. Junto a ele, atuavam Chaumette, Vincent, Ronsin e Hanriot, os três últimos destacados nos meios militares. Nas palavras do historiador François Furet, o hebertismo, embora "menos autêntico que os enraivecidos", era "mais influente e mais bem situado".

Em setembro, o deputado Barère saudou os "bravos *sans-culottes*" por demandarem "colocar o terror na ordem do dia" contra os realistas e os conspiradores. Atendendo às demandas *sans-culottes,* a partir do final de setembro de 1793 foram estabelecidos preços máximos nacionais para os alimentos, correspondentes a um terço do preço de 1790. "Nenhum homem tem o direito de acumular montes de trigo ao lado de seu semelhante que morre de fome", discursou Robespierre a respeito. As leis do máximo acompanharam também o tabelamento dos salários, a pena capital para o açambarcamento e projetos de auxílios para indigentes com três filhos e pessoas pobres com quatro ou cinco filhos.

Junto a isso, foram extintos também os ainda restantes direitos "feudais" que incidiam sobre o campesinato, e a Convenção reconheceu a igualdade entre filhos legítimos e naturais, desde que os últimos fossem reconhecidos pelos pais e não fossem fruto de adultério ou incesto. A Convenção estabeleceu ainda projetos de educação universal, no qual as crianças de 5 a 12 anos receberiam uma educação comum, gratuita e obrigatória, em que estariam mesclados os conhecimentos científicos, a educação física, militar e do trabalho.

Não se trata, portanto, de uma guinada jacobina para o "socialismo", mas de um esforço de mobilizar a população para a guerra e atender às demandas do povo. Aliás, muitas das novas leis eram entendidas como temporárias e fruto de contingências. Conforme observou Robespierre: "a extrema desproporção das fortunas é a fonte de muitos males [...] mas nem por isso deixamos de estar convencidos de que a igualdade dos bens é uma quimera". Não é de se estranhar, portanto, que a Convenção estabeleceu, em março de 1793, pena de morte para os defensores da Lei ("Reforma") Agrária e, consequentemente, de qualquer forma de repartição de bens.

Em setembro de 1793, passaram a ser considerados "suspeitos" todos que se mostrassem "partidários da tirania e do federalismo". Evidentemente, a chamada "Lei dos Suspeitos", redigida por Merlin de Douai, por seu caráter genérico, criava espaço para os mais variados usos políticos. Em Paris, as seções mantinham registros do "grau de civismo" dos habitantes dos bairros e emitiam certificados a esse respeito. Os considerados "maus cidadãos" eram apontados ao Comitê de Vigilância ou ao Comitê de Segurança Geral, que poderiam emitir mandados de prisão contra tais pessoas.

No Antigo Regime, a violência exemplar era uma forma de a monarquia garantir a própria soberania. Agora, essa lógica seria invertida: em vez de ser mero expectador de corpos dilacerados dos inimigos da Igreja e dos Bourbon, a população se sentia participante – via delação ou tribunal popular, por exemplo – da luta contra "os inimigos da soberania popular". A retórica da "conspiração", ampliada em uma realidade de guerra e deserções, fundamentava uma situação de vigilância que exigia "transparência", pois o verdadeiro patriota nada pode esconder sob o risco de ser considerado, no mínimo, suspeito de contrarrevolução, traição ou realismo. A denúncia era um dever cívico. E a pureza, sabemos, é espiral: um puro sempre encontra outro mais puro que o depura.

Na esteira da Lei dos Suspeitos, a "Lei dos Estrangeiros" fez com que parlamentares não franceses fossem considerados suspeitos. "O estrangeiro hipócrita, que há cinco anos proclama Paris a capital do globo, não fazia outra coisa senão traduzir, num jargão, os anátemas dos vis federalistas que destinavam Paris à destruição", disse Robespierre. Thomas Paine – possível alvo desse discurso – acabou preso e, por mero descuido dos vigias da prisão, conseguiu escapar do cadafalso. A palavra "cosmopolitismo", outrora exaltada, remetia agora à "contrarrevolução". Contudo, mais de 80% dos acusados pela lei foram absolvidos, o que sugere que, na prática, ela foi menos uma lei xenofóbica que uma ação contra determinados girondinos.

O historiador Donald Greer calcula que cerca de 500 mil pessoas (2% da população da França) tenham sido detidas, a maioria liberada em algumas horas ou dias. Objetivamente, os tribunais revolucionários pronunciaram 17 mil condenações à morte. Somando os indivíduos executados e os que faleceram na prisão, fala-se em 40 mil vidas perdidas. O número, contudo, é controverso, posto que inclui também mortos em guerra e executados por deserção, assassinato e roubos comuns.

Os decretos de 10 de outubro de 1793 formalizaram a suspensão da Constituição e o estado de exceção. Estabelecendo que o governo francês era formalmente considerado "revolucionário até a paz", a Convenção defendia que as circunstâncias de guerra tornavam impossível a normalidade constitucional. "Nas circunstâncias em que se encontra a República, a Constituição não pode ser estabelecida; ela tornar-se-ia a garantia dos atentados contra a liberdade porque a ela faltaria a violência necessária para reprimi-los [...]. É impossível que as leis revolucionárias sejam executadas se o governo não for constituído revolucionariamente", disse Saint-Just. O respeito ao texto constitucional, assim, ficaria para os tempos de paz. A oficialização do estado de exceção fortaleceu os Comitês de Salvação Pública e Segurança Geral, controlados pelos jacobinos, e enfraqueceu os *sans-culottes* e os comitês populares.

Em dois discursos célebres, em 25 de dezembro de 1793 e 5 de fevereiro de 1794, Robespierre expôs uma teoria do governo revolucionário tendo como base o *Espírito das leis*, de Montesquieu. Para Montesquieu, a *república* tem por princípio a "virtude" e o *despotismo* tem por princípio o "medo". Mas o que dizer de um *governo revolucionário*? A resposta de Robespierre é que se trata de um terceiro caminho: o "despotismo da virtude". Ora, se "a revolução é o despotismo da liberdade contra a tirania", consequentemente "o terror nada mais é que justiça, severa e inflexível; é, portanto, uma emanação da virtude". Assim, "sob o regime constitucional, basta proteger os indivíduos contra o abuso do poder público; sob o regime revolucionário, o próprio poder público é obrigado a defender-se contra todas as facções que o atacam. O governo deve aos bons cidadãos toda a proteção nacional; aos inimigos do povo não deve outra coisa senão a morte".

Ainda em outubro, a Sociedade das Republicanas Revolucionárias foi fechada. No mesmo mês, madame Roland e Maria Antonieta foram guilhotinadas. A filósofa madame de Stäel, exilada em Londres, escreveu um apelo apaixonado em defesa de Maria Antonieta, chamado *Reflexões sobre o Processo da Rainha*. Também foi guilhotinada madame du Barry, a antiga amante de Luís XV, acusada de passar informações aos contrarrevolucionários.

Brissot e outros girondinos foram executados. Roland, que fugira, se suicidou a golpes de espada três dias depois de saber que sua mulher, Jeanne-Marie Roland, havia sido guilhotinada. O marquês de Sade, que fora encarcerado no Antigo Regime por devassidão ("um de meus grandes prazeres é pensar em Deus quando fico duro", disse certa vez), foi preso por "moderacionismo" em dezembro de 1793. É provável que Condorcet tenha se suicidado após ser descoberto em uma hospedagem. Nesse momento, Robespierre chegou a intervir, ao lado de Barère, para evitar 73 mortes de deputados girondinos. "Após os exemplos necessários, vamos poupar o derramamento de sangue", disse.

Um grupo de revolucionários liderado por Desmoulins e Danton criticava muitas das perseguições que estavam ocorrendo. Por isso, foram identificados como os "indulgentes". Desmoulins, no jornal *O Velho Cordelier*, acusou os montanheses de abandonar a legalidade. Danton, em novembro de 1793, afirmou que "o povo quer, e tem razão, que o terror esteja na ordem do dia; mas ele quer que o terror seja utilizado para seu verdadeiro objetivo, isto é, contra os aristocratas". Contra Danton, em 26 de fevereiro de 1794, Saint-Just condenou o terror, que para ele era uma "espada de dois gumes", pois poderia voltar-se contra os próprios revolucionários.

## O QUE FOI O TERROR?

No século XVIII, a palavra "terror" já era bastante utilizada com o duplo sentido de ser simultaneamente uma emoção (o pavor ou o maravilhamento) e uma prática (a violência). Em 1658, na tradução francesa da *Farsália*, de Lucano, Pompeu foi descrito como "o terror da Ásia e o vencedor do mundo". Edmund Burke considerava o "terror" como a fonte do sentimento de sublime, noção repetida nesses termos por Diderot e outros filósofos do iluminismo. Nesse sentido, ninguém menos que Brissot afirmara: "eu amo o terror que uma floresta obscura me inspira".

Entre os historiadores que se debruçaram sobre a Revolução Francesa, não há consenso sobre o que foi "o terror" e qual sua duração. Desde o século XIX, os críticos mais agudos da Revolução diziam que o terror foi a própria "essência" do processo revolucionário, isto é, uma decorrência dos eventos iniciados em 1789. No século XX, trabalhos como os de Hannah Arendt, Jacob Talmon, Patrice Guennifey e François Furet sugeriram que se tratou de um "terror totalitário", como se houvesse, em 1793-1794, uma estrutura estatal política, ideológica e juridicamente orientada para a repressão dos adversários, tal qual os regimes fascistas do século XX.

Na década de 1940, o historiador Robert Palmer explicou o terror em três sentidos: em primeiro lugar, a repressão contra a Vendeia, contra os monarquistas e contra os federalistas; em segundo lugar, o silenciamento das dissidências políticas; por fim, a atemorização da população a fim de garantir a unidade nacional. Essa leitura acompanha a interpretação tradicional, segundo a qual o "terror" teria começado em setembro de 1793 e terminado no verão de 1794, sendo que as medidas de exceção de 1792 (como a criação do Tribunal Revolucionário) ou os "massacres de setembro" teriam sido uma espécie "pré-terror". Contudo, essa periodização é problemática, dado que ela chama de "terror" ações muito distintas exercidas por diferentes agentes: ficam no mesmo balaio, por exemplo, medidas de várias épocas da Convenção, disputas locais, atos dos representantes em missão e ações da Comuna e dos *sans-culottes* que, como vimos, não raro se davam contra a vontade da Convenção.

Por isso, essas visões são questionadas pelos historiadores nos dias de hoje. No breve período em que os jacobinos foram hegemônicos na Convenção, não havia uma estrutura jurídico-política consolidada e orientada para a repressão dos adversários. Nesse sentido, o historiador Jean-Clemént Martin tem sustentado que as práticas do período jacobino não demonstram a existência de um Estado "totalitário" ou "terrorista", mas, pelo contrário, fazem parte de uma resposta à própria debilidade dos poderes centrais. Para ele, os discursos exaltados de Robespierre e Saint-Just não foram "expressão" de uma realidade de totalitarismo, mas parte de um esforço para intervir em uma conjuntura de crise que escapava ao controle dos convencionais.

No livro *Terror: mitos e lendas*, Martin argumenta que a "França revolucionária, atravessada por correntes rivais e acuada por inimigos nas fronteiras", vivia uma situação em que "nenhum grupo possuía sozinho a legitimidade da violência do Estado", de modo que "cada um arrogava para si o direito de agir em nome da 'Revolução' e do 'povo'". Não houve "decreto que organizou legalmente a repressão ou colocou o terror na ordem do dia", embora seja "inegável que um certo número de comitês, de deputados em missão e de generais aplicaram, como bem entenderam, o 'terror', fora de um quadro legal preciso e sem qualquer definição". Portanto, nada seria mais enganoso que ver o terror como um "programa" ou uma "política de Estado", visão que, como alertaram os historiadores Michel Biard e Marisa Linton, costuma ser uma seletiva projeção das ditaduras do século XX no século XVIII.

Assim, o terror, nos termos do historiador Pierre Serna, não foi um "sistema político", mas um conjunto de violências exercidas em muitas direções, dentro de um país que convivia com guerra, temor de conspiração e escassez. Com isso o autor não quer dizer que o terror seja "justificado pelas circunstâncias", argumento repetido por parte da historiografia desde o século XIX; afinal, o auge das mortes políticas, como veremos, se deu quando a pátria não estava mais em perigo. Em vez disso, pode-se dizer que os terrores estiveram ligados a uma situação complexa de ameaça à unidade nacional, o que abriu espaço para que muitas formas de violências políticas fossem artífices de sua própria necessidade.

A ideia de que o "Terror", com letra maiúscula, tenha sido um "período" ou "uma fase" da Revolução foi uma construção feita após a queda de Robespierre, a partir dos discursos de Tallien, em outubro de 1794 e, principalmente, do texto *Dos efeitos do Terror* (1797), de Benjamin Constant. Desde então, a ideia de "Terror" passa a abrigar, de forma pouco precisa, coisas díspares como ações de governo, recrutamento para a guerra e dirigismo econômico. Graco Babeuf, crítico de Robespierre, inventou ainda o termo "terrorismo" para se referir às práticas jacobinas. Duas décadas mais tarde, Hegel, em sua *Fenomenologia do espírito,* passou a interpretar o *Schreckensherrschaft* (o "reino do terror") como uma fase da história. Karl Marx, que teve distintas opiniões sobre o tema ao longo de sua vida, também se referiu ao "terror" como um "período", uma "maneira plebeia de realizar a Revolução Burguesa", cuja violência foi "objetivamente" crucial para a destruição da ordem aristocrática. No século XX, teóricos como Claude Lefort ainda compreendiam o terror como uma política diretamente emanada das decisões da Convenção Nacional, algo que, empiricamente, não se sustenta.

Desse modo, concluímos, em sintonia com a historiografia mais recente, que não houve um "Terror" unificado e programado ou um "período terrorista", mas uma série de violências, exercidas em várias direções com propósitos distintos em um contexto de guerra e carestia. Tais violências nem de longe correspondiam a uma determinação única fornecida pelo Estado. A Convenção, ainda de acordo com Martin, era na França de 1793-1794 um "elemento entre os outros", que se impunha "negociando com uma demanda democrática expressa pelas assembleias primárias por meio dos porta-vozes".

## A ABOLIÇÃO DA ESCRAVIDÃO E A REPÚBLICA SOCIAL

Em janeiro de 1794, a Convenção, como já mencionado, recebeu três deputados de São Domingos, entre eles Jean-Baptiste Belley, ex-escravizado oriundo do Senegal. Setenta anos antes dos Estados Unidos, a França admitia seus primeiros deputados negros. Belley discursou pedindo à Convenção que declarasse abolida a escravidão nas colônias, o que se deu no dia 4 de fevereiro sem qualquer forma de indenização e garantindo plena cidadania aos homens negros.

Alguns fatores favoreceram essa posição. Como vimos, nesse momento, a abolição já era fato consumado no Haiti, embora não em Guadalupe, na Martinica e na Guiana. Além disso, a abolição da escravidão era uma forma de, diante das ameaças inglesas e espanholas, garantir o apoio da população caribenha durante a guerra entre França e Inglaterra. Por isso, após a abolição, Danton disse: "agora a Inglaterra está perdida".

Mesmo assim, a guerra e as dificuldades de comunicação próprias do período fizeram com que, em diversas regiões do Império Francês, e esse foi o caso da Martinica, a escravidão tenha sido mantida a despeito da Convenção. Já a colônia francesa da Guiana, por exemplo, fazia fronteira com duas colônias escravistas: o Suriname, holandês, e o Brasil. Devido à fuga de escravizados para a Guiana, em outubro de 1794, o governador do Pará despachou navios para vigiar as fronteiras do rio Oiapoque e pediu ajuda para o próprio governador da Guiana, Henri Benoist. No século XIX, uma considerável fatia da população da Guiana teria origem na interceptação de navios ingleses que traficavam seres humanos.

Entre 26 de fevereiro e 2 de março de 1794, uma série de decretos anunciaram a redistribuição maciça, para os camponeses, dos bens confiscados dos "inimigos da República". Em favor dos camponeses, Saint-Just escreveu: "Os infelizes são as potências da terra." (Em textos à época não publicados, Saint-Just defendeu uma sociedade na qual não houvesse riqueza ou pobreza, pois todos seriam pequenos proprietários, ao passo que todas as crianças seriam criadas como soldados ou fazendeiros longe de suas famílias.)

Os decretos do Ventoso foram o ponto máximo do empenho montanhês em favor da igualdade social. Como os jacobinos caíram meses depois, contudo, eles não foram efetivados. Outras propostas também não foram levadas a cabo, como o imposto progressivo (que Robespierre defendeu 41 vezes em seus discursos) e a aposentadoria para trabalhadores rurais e urbanos.

## A DESCRISTIANIZAÇÃO

Paralelamente, ganharam força os movimentos genericamente abarcados pelo nome "descristianização". A descristianização está ligada, em primeiro lugar, a medidas governamentais em prol da laicização do tempo e do espaço, como a mudança dos nomes de ruas ou de calendários. Em segundo lugar, a descristianização remete a medidas contra o clero refratário

# 140 REVOLUÇÃO FRANCESA

e os padres contrarrevolucionários. Em setembro de 1795, em Nièvre, o representante em missão Joseph Fouché decretou que todo clérigo que recebesse salários do Estado deveria se casar, adotar uma criança ou cuidar de uma pessoa indigente. Em outubro, proibiu os símbolos religiosos nos cemitérios e colocou em sua entrada o lema "a morte é um sono eterno". As ações de Fouché despertaram oposições de Robespierre e outros deputados, os quais acreditavam que, com sua perseguição aos católicos, ele acabaria favorecendo a posição dos contrarrevolucionários.

Em 1793, ampliou-se também uma "descristianização popular", relativamente espontânea, que não foi iniciativa da Convenção e incluiu: fechamento ou destruição parcial de igrejas (com o devido saque do ouro), seguidos da abertura de Templos da Razão, mascaradas e autos de fé. Rituais que, no Carnaval, eram feitos com homens traídos pelas esposas (como colocá-los montados de costas em um burro para que desfilassem pelas ruas e fossem alvo de zombarias) eram agora feitos com sacerdotes e homens fantasiados de papa. Desses movimentos também fez parte a abdicação do sacerdócio por parte de cerca de 20 mil padres, conforme o historiador Michel Vovelle.

Como no caso das ações dos "enraivecidos", esses movimentos populares eram vistos com desconfiança pelos convencionais. A Convenção temia que propagassem o ateísmo e, com isso, dessem munição a uma forte reação católica. Além disso, como pontua o historiador Albert Soboul, "os jacobinos tiveram o sentimento jamais claramente explicitado de que a democracia deve ser dirigida, de que não se pode confiar na espontaneidade revolucionária das massas".

A Convenção, a propósito, manteve a pena de morte para o ateísmo, visto por Robespierre como aristocrático, dado que igualava, após a morte, opressores e oprimidos. Em dezembro de 1793, os ataques contra a liberdade de culto passaram a ser punidos com a morte; Hébert e Chaumette, para evitar a prisão, precisaram afirmar em público que Cristo era um *sans-culotte*.

Com a deliberada vontade de controlar esses movimentos populares de "descristianização", a Convenção promoveu uma série de festas dedicadas ao culto do Ser Supremo. A Festa do Ser Supremo de 8 de junho de 1794 foi comemorada em todo o país. Com cenografia e roteiro feitos por David, a de Paris durou quatro horas, começando com uma procissão que seguiu das Tulherias ao Campo de Marte. Na ocasião, a estátua do Ateísmo foi queimada para dar lugar à estátua da Sabedoria. No Campo de Marte,

David ordenara a construção de uma montanha artificial, para representar os montanheses, e uma estátua de Hércules, para representar o povo. Entoados ao pé da montanha, cantos e hinos cívicos celebravam o "Pai do Universo, suprema inteligência".

O historiador Soboul enxerga essa festa como a busca por uma unidade moral em um momento em que diversas categorias que até então haviam apoiado a Revolução e o governo revolucionário debandavam ou atiravam-se umas contra as outras. Alexis de Tocqueville, no século XIX, e Christopher Dawson, no século XX, avaliaram que havia algo de profundamente religioso no universalismo revolucionário, e a Festa do Ser Supremo seria apenas um sintoma mais aparente desse sentimento não declarado. Contudo, é preciso lembrar que "culto", no período, era utilizado como sinônimo de "celebração" ou mesmo "obediência a um princípio superior", e não apenas no sentido religioso. Não se tratou, portanto, de "criar uma religião", e de fato não houve qualquer lei que visasse estabelecer um culto deísta estatal.

## A QUEDA DA MONTANHA

Em junho de 1794, os exércitos franceses ocuparam a Bélgica. A ameaça de invasão da França, antes iminente, agora parecia distante. Com as vitórias militares, a legitimidade do poderoso Comitê de Salvação Pública começou a desmoronar. O controle de preços e salários estimulavam o mercado paralelo e a escassez, piorando a vida da população. O confisco da produção de alimentos produzia insatisfações entre os camponeses.

Como vimos, os jacobinos não perseguiam apenas girondinos e aristocratas, mas muitos daqueles que queriam conduzir a Revolução para a esquerda. Em 1794, os montanheses viviam o auge da centralização e estavam mais distantes de suas bases populares.

Hébert chamou os jacobinos de "camarilha de canalhas" que "ajudaram os *sans-culottes*" apenas para "se colocarem no lugar dos aristocratas". Em resposta, Saint-Just rotulou os hebertistas de "facção" e os acusou de ajudar os ingleses. Hébert e Chaumette acabaram sendo guilhotinados.

Collot d'Herbois e Billaud-Varenne, do Comitê de Salvação Pública, e Amar e Jean-Henri Voulland, do Comitê de Segurança Geral, passaram a exigir a morte dos que queriam moderar o terror, em especial os "indulgentes" Danton e Desmoulins. Porém, deputados como Carnot e Lindet afirmavam que prender e matar Danton arruinaria a popularidade da Convenção, que já não era mais tão alta.

Procurando persuadir Danton a mudar seu discurso, Robespierre o convidou para um jantar. (É fictícia, portanto, a oposição figadal entre Danton e Robespierre, que aparece na peça *A Morte de Danton,* de Georg Büchner, ou no filme *Danton,* de Andrzej Wajda.) Robespierre, que já havia defendido Danton em dezembro no Clube dos Jacobinos, foi o único membro dos comitês revolucionários a se arriscar em sua defesa. Danton manteve sua postura crítica. Acusado de ser um "inimigo da República", foi condenado pelo Tribunal Revolucionário e, assim como Desmoulins, sentenciado a morrer na guilhotina em 5 de abril de 1794. Está registrado que, pouco antes de morrer, Desmoulins, quando perguntado pela idade, respondeu: "33 anos, como o *sans-culotte* Jesus Cristo". Danton, por sua vez, teria dito: "não se esqueça de mostrar minha cabeça ao povo, vale a pena vê-la".

No mês seguinte, 27 contratadores de impostos do Antigo Regime foram guilhotinados, entre eles o químico Lavoisier, acusado de fraude. No início de junho, Couthon propôs à Convenção a diminuição das possibilidades de defesa nos Tribunais Revolucionários. "Se existirem provas, sejam materiais, sejam morais, não se ouvirão testemunhas", dizia o artigo 13 de sua instrução. A lei de Couthon, aliás, permitia que deputados fossem levados ao Tribunal Revolucionário sem o aval da Convenção. Nas seis semanas do que o historiador Georges Lefebvre chamou de "alto terror", entre 22 Prairal e 9 Termidor, houve registro de 1.376 pessoas executadas. Para ocasionar menos reações negativas, a guilhotina chegou a ser transferida para o leste da cidade.

Contudo, a Convenção não era composta apenas pela Montanha. Quando ela perdeu suas bases populares, a Planície descobriu sua força. Descontentes, os deputados desse grupo acusaram Robespierre de "aspirante a ditador", um "novo Cromwell" (remetendo a um líder que havia governado com mão de ferro durante as chamadas Revoluções Inglesas no século XVII).

Espalhou-se um boato de que Robespierre iria se casar com madame Isabel, irmã do rei, e tornar-se ele próprio rei. Isabel foi decapitada em maio de 1794. Depois, falou-se o mesmo sobre a filha de Luís XVI, Maria Teresa. Em 15 de junho de 1794, foi presa Catherine Théot, a "Theos", uma profetiza que se referia a Robespierre como "enviado por Deus". As perseguições a Robespierre se intensificaram, seus opositores o acusavam de aspirante ao cesarismo. No que seriam suas últimas semanas de vida,

Robespierre manteve-se recluso. No dia 26 de julho, disse ser contrário a qualquer "odioso sistema de terror". Em 27 de julho, o dia 9 Termidor, a Convenção, sob gritos de "Abaixo o tirano!", prendeu Robespierre, seu irmão mais novo, Augustin, além de Couthon, Lebas, Saint-Just e Hanriot. No dia seguinte, Robespierre e Saint-Just foram guilhotinados, seguidos de 87 apoiadores. Por ocasião do golpe, o chamado "Golpe do 9 Termidor", contra o líder jacobino, os *sans-culottes* não se manifestaram, o que evidencia o afastamento que se concretizara nos meses anteriores.

Depois disso, muitas pessoas foram libertadas da prisão. As leis do máximo e os projetos de redistribuição de terras foram abandonados. "Toda assembleia conhecida sob o nome de clube" foi proibida. O local onde se reunia o Clube dos Jacobinos foi transformado em um mercado. Os novos líderes da Convenção prometeram manter a república e continuar a guerra.

É preciso notar que as lideranças montanhesas foram derrubadas pela própria Convenção. Muitos antigos apoiadores da repressão – como Billaud-Varenne e Collot d'Herbois – estavam agora disfarçados de indulgentes, acusando Robespierre de "tirano". Entre os novos opositores de Robespierre encontrava-se também Paul Barras (que organizara a repressão em Marselha), Jean-Lambert Tallien (envolvido nos sangrentos episódios de Bordeaux) e Joseph Fouché (que lançara a campanha descristianizadora). Portanto, em vez de a "queda dos jacobinos", pode-se dizer que o 9 Termidor representou a queda dos robespierristas. Em não poucos casos, as acusações contra Robespierre e seus métodos deveram-se mais à perda de apoio do governo – e o medo de perder a própria cabeça – do que a convicção. A queda dos robespierristas, portanto, deu-se por conta de uma união circunstancial cimentada pelo medo de determinados deputados. A seguir, nos termos da historiadora Mona Ozouf, houve um "trabalho de esquecimento" sobre o período, enquanto era gestado um discurso que tornava Robespierre bode expiatório dos "excessos" revolucionários.

# A França entre o Termidor e o Brumário: do Golpe de Estado à nova Política Imperial
(Julho de 1794 - Novembro de 1799)

## A CONVENÇÃO TERMIDORIANA E O ANTIJACOBINISMO

Após a queda da Montanha, o que restou da Assembleia, a chamada Convenção Termidoriana, teria uma existência de 15 meses, até a sua dissolução em outubro de 1795, quando deu lugar ao Diretório. Era um governo que carecia de legitimidade e cujo programa consistia em afiançar as conquistas moderadas, manter a república e evitar a continuidade do terror. Os deputados opuseram ao antigo *slogan*, "O Terror na ordem do dia", uma nova contrassenha, "a Justiça na ordem do dia" e uma nova palavra de ordem, "Repor a ordem social no lugar do caos das revoluções".

Barère, Collot d'Herbois e Billaud-Varenne, embora antigos membros do Comitê de Salvação Pública, fizeram apaixonados discursos contra o terror. Lavoisier e Condorcet foram alçados à condição de mártires. Grégoire fez discursos inflamados de crítica ao "vandalismo". Em 28 de outubro de 1794, Tallien afirmou que o terror tinha sido um "sistema", ancorado no "poder absoluto" e na tirania. O abade de Sieyès chamou a época jacobina de *ré-totale* (coisa total), em vez de *ré-publique* (coisa pública).

Nas ruas, a propaganda antijacobina materializou-se em atentados contra antigos membros do governo. Fernex foi morto à luz do dia. Novos deputados em missão impunham a ordem termidoriana. Monarquistas membros da Juventude Dourada promoviam a "caça aos jacobinos", enquanto, no sul, o chamado "terror branco" vingava as mortes do ano II. O nome "terror branco", contudo, é enganoso, dado que os eventos ligados a ele não tiveram a mesma importância e o mesmo significado daqueles de 1792-1794, além de que esta onda de violência era mais produto de ressentimentos locais que de um movimento político. Mulheres ligadas à Juventude Dourada, as *merveilleuses* ("maravilhosas"), passaram a ostentar joias e vestidos extravagantes para opor-se à austeridade republicana.

Do ponto de vista intelectual, a máxima expressão do antijacobinismo seria o livro do abade Barruel *Mémoires pour servir à l'histoire du jacobinism* (Memórias para servir à História do jacobinismo), de 1798. A obra apresentava a Revolução como resultado de um complô internacional dos jacobinos apoiados na franco-maçonaria, na sociedade secreta dos Iluminati e nos pensamentos de Voltaire e Frederico II. "Nesta Revolução Francesa, tudo, até os crimes mais horríveis, foi previsto, meditado, combinado." (A maçonaria tinha sido introduzida na França por emigrados ingleses em 1725. Na época da Revolução, existiam cerca de 50 mil maçons na França, organizados em 600 lojas, 65 apenas em Paris. Quem fazia trabalhos manuais ou dependia da caridade geralmente era excluído da maçonaria. Sociedades como a Les Neuf Soeurs reuniram Danton, Brissot e Sieyès, fazendo a ponte entre a nobreza "liberal" e a burguesia revolucionária. A maçonaria teve sua importância no processo revolucionário em termos de sociabilidade e difusão de ideias, embora nem de longe da maneira pontuada por Barruel.) Para desqualificar os revolucionários, Barruel utilizou um termo inédito, "nacionalismo": "o nacionalismo ocupou o lugar do amor geral [...]. Foi assim permitido desprezar os estrangeiros, enganá-los e ofendê-los". Para ele, o "nacionalismo" era um amor cego ao governo, associado ao ódio aos estrangeiros.

A FRANÇA ENTRE O TERMIDOR E O BRUMÁRIO 147

Outros críticos de direita elaboraram explicações mais sofisticadas, como Joseph de Maistre, nobre da Saboia expulso de suas terras pela invasão francesa, e Louis de Bonald, nobre de Auvergne, no sul da França. Ambos publicaram suas principais obras em 1796, respectivamente *Considerações sobre a França* e *A teoria do poder político e religioso*. De Maistre apresentou a Revolução como uma punição divina contra os pecados da humanidade. O erro dos revolucionários, segundo ele, teria sido a presunção de que é possível criar uma sociedade a partir de deduções abstratas, como se princípios gerais pudessem dar conta da espécie humana. Como um fogo purificador, a Revolução apontava para uma grande renovação espiritual que estaria por vir. Bonald, por sua vez, afirmou ser um erro considerar o indivíduo como tendo uma existência independente de sua família, do Estado e da comunidade religiosa. A filosofia individualista, por isso, resultaria em uma "sociedade moderna", formada por meros "grãos de areia". A família, como primeiro núcleo da sociedade, deveria ser valorizada. (Participando dos governos de Bonaparte e Luís XVIII, Bonald teria papel determinante na volta da proibição do divórcio.)

## DIREITOS, DEVERES E A NOVA CONSTITUIÇÃO

Há quem diga que a Revolução Francesa terminou com o Golpe do 9 Termidor. Contra esse ponto de vista, sustentaremos que o período pós-montanhês foi crucial, por exemplo, para aperfeiçoamento do aparelho de Estado, herdado por Bonaparte. Além disso, será nessa época que o impacto da Revolução Francesa se fará sentir mais drasticamente pelo mundo.

Em setembro de 1794, a França separou Igreja e Estado, tornando a Constituição Civil do Clero letra morta. Nos anos seguintes, o governo, associando Igreja Católica e contrarrevolução, em vários momentos tentará conter o avanço do clero, ora perseguindo eclesiásticos ligados à reação, ora promovendo cultos como a Teofilantropia, de La Révelliére-Lépeaux, promotor de uma moral humanitária e laica. Na primavera de 1795, um acordo de paz foi assinado na Vendeia, no castelo de La Jaunay. O governo garantiu que a Igreja continuaria assumindo serviços na região e que seus habitantes não seriam convocados para a guerra.

Uma nova declaração de direitos foi feita, acompanhada por uma "declaração de deveres". O novo texto substituiu "os homens nascem livres e iguais" por "a igualdade consiste no fato de ser a lei a mesma para todos". O direito de propriedade foi melhor precisado que em 1789: "a propriedade é o direito de usufruir e de dispor de seus bens, de suas rendas, do fruto de seu trabalho e da sua indústria". A declaração incluiu ainda uma definição, no artigo 5, do "homem de bem", que "respeita as leis", é "bom filho, bom pai, bom irmão, bom amigo, bom esposo". Nas colônias, a Convenção manteve a abolição da escravidão e garantiu a cidadania para todos os haitianos.

Embora os projetos de educação pública universal tenham sido abandonados, foi aprovada outra proposta, do deputado Joseph Lakanal, que estabelecia a criação de uma escola de preparação de professores, a École Normale Supérieure (Escola Normal Superior). À época, essa escola congregou grandes teóricos como Laplace para a Matemática, Berthollet para a Química e Volney para a História. Um mês depois, foi criada a École Polytechnique (Escola Politécnica), inicialmente para formar engenheiros. Foi criado também o Instituto Nacional, hoje Institut de France, com seções para Ciências naturais, Artes e Literatura.

Outra transformação de maior importância se deu nos hospitais. Às vésperas da Revolução, os hospitais recebiam tanto enfermos quanto "loucos" e pobres inválidos. Os hospitais centrais, reservados aos doentes passíveis de cura, compunham apenas 19% dos leitos. Em 1794, foi estabelecida a regra do leito individual por doente e, em dezembro, foram criadas escolas de saúde centrais em Paris, Montpellier e Estrasburgo, associando formação médica e cirúrgica, instrução teórica e prática hospitalar. Assim, o hospital, local de atendimento, tornou-se também local de ensino. A Escola de Medicina de Paris seria referência mundial até 1840, quando perderia a supremacia para a Alemanha.

Enquanto isso, a França teve seu pior inverno desde 1709 e as manifestações populares retomaram o fôlego. Em abril de 1795 (Germinal do Ano III), com a fome assolando Paris, um grupo invadiu a Convenção exigindo a implementação da Constituição de 1793, além de medidas contra a escassez. "Pão e Constituição" – gritavam.

Em resposta, a Convenção decretou estado de sítio e pena de morte para os manifestantes. Os quatro deputados ex-jacobinos Barère, Vadier, Collot d'Herbois e Billaud-Varenne foram deportados para uma prisão em Caiena, na Guiana Francesa, acusados de incentivar a continuação dos

A FRANÇA ENTRE O TERMIDOR E O BRUMÁRIO **149**

protestos populares. A Guiana, pouco habitada e caracterizada por um regime escravocrata ancorado na produção de açúcar e de tabaco, funcionava como prisão para os "inimigos da Revolução", e por isso era chamada de *guillotine sèche* ("guilhotina seca") – punia sem o derramamento de sangue.

Em maio (Prairal do Ano III), um grupo de mulheres do subúrbio invadiu a Convenção exigindo tabelamento de preços e a Constituição de 1793. O grupo decapitou o deputado Féraud (por confundirem-no com Fréron, que era próximo à Juventude Dourada); a cabeça de Féraud foi apresentada ao presidente da Assembleia, Boissy d'Anglas. Era a primeira vez que a população matava diretamente um deputado.

Em reação, a Convenção ordenou o desarmamento dos *sans-culottes* e proibiu toda e qualquer reunião com mais de cinco mulheres na rua. Junto à repressão, a Convenção nomeou, em abril de 1795, uma comissão de 11 membros para finalmente encerrar o estado de exceção e redigir uma nova Constituição, a terceira da Revolução Francesa. O relator da Constituição, Boissy d'Anglas, foi claro: era preciso refrear a participação popular na política para evitar um novo terror ou uma nova Guerra da Vendeia. Segundo ele: "Devemos ser governados pelos melhores homens; e estes são os mais instruídos e os mais interessados na manutenção da lei. Ora, com raras exceções, tais homens só se encontram entre os detentores de propriedade que, por conseguinte, estão vinculados ao seu país, às leis que protegem suas propriedades e à paz social".

Enquanto o regime proclamava a céu aberto sua predileção pelas classes proprietárias, Thomas Paine, alarmado com os rumos conservadores da Convenção, propôs então o voto universal e esboçou, no panfleto *Justiça Agrária*, a ideia da garantia de uma renda mínima para todos. A proposta, que seria financiada por meio da taxação das heranças, acabou derrotada.

A Constituição do ano III entrou em vigor em 23 de setembro de 1795. Era reconhecido o voto masculino e censitário, embora na França, como os deputados gostavam de lembrar, ele fosse mais inclusivo que nos Estados Unidos. Outra diferença fundamental em relação aos Estados Unidos: a escravidão manteve-se constitucionalmente abolida e as populações negras mantiveram a cidadania.

Para evitar o personalismo, o poder executivo passou a ser composto por cinco diretores, o que fez o regime ficar conhecido como Diretório. Conforme proposta de Sieyès (que voltava a se destacar politicamente), os cinco diretores eram eleitos pelos dois ramos do legislativo, o Conselho dos Quinhentos (encarregado de elaborar as leis) e o Conselho dos Anciões (com 250 membros, que deveriam ter mais de 40 anos de idade, encarregado de aprovar ou rejeitar as leis). Assim, a França finalmente estabeleceu o bicameralismo. Como os federalistas nos Estados Unidos, falava-se agora "em pesos e contrapesos" que evitassem um "excesso de democracia".

Os primeiros diretores foram quase todos antigos apoiadores do terror: Lazare Carnot, antigo membro do Comitê de Salvação Pública, Jean-François Rewbell, antigo membro da Assembleia Nacional, Étienne-François Letourneur, um homem do Pântano, Paul Barras, ex-jacobino e Louis-Marie La Revellière-Lépeaux, eminente deísta.

Enquanto isso, ganhava terreno um movimento pela volta da monarquia. Após a morte do filho mais jovem de Luís XVI em 1795, o irmão do antigo rei, o conde da Provença, em seu exílio em Verona, autoproclamou-se seu sucessor, com o nome de Luís XVIII. Para evitar a volta dos monarquistas como deputados, a Constituição adotou o "decreto dos dois terços", segundo o qual dois terços dos futuros deputados deveriam ser escolhidos entre os convencionais. Além disso, o Diretório detinha poderes de cassar e decretar a prisão de membros da administração local sem apelação. Isso nos leva a concluir, seguindo o historiador Albert Soboul, que, apesar da queda dos jacobinos, permanecia "a lógica da salvação pública", segundo a qual a Revolução deveria ser defendida mesmo ao custo da transgressão de seus princípios.

## O INÍCIO DO DIRETÓRIO
## E A ENTRADA EM CENA DE NAPOLEÃO

No período, ganhou contornos uma versão do "liberalismo francês" que defendia ser impossível conciliar a participação popular no processo político (princípios democráticos) com a proteção dos direitos individuais (princípios liberais). Com justificativas como essa, o modelo constitucional com participação popular limitada seria, afinal, a principal forma de governo na Europa ocidental do século XIX.

## A LIBERDADE DOS ANTIGOS E A LIBERDADE DOS MODERNOS

Um dos principais apoiadores do Diretório foi o filósofo suíço Benjamin Constant (1767-1830). Conhecido no Brasil por teorizar o "poder moderador", Constant é célebre também pelo seu romance *Adolphe*. Ele defendia que Revolução Francesa tinha sido bem-sucedida, mas alertava sobre seus excessos em *Da liberdade dos antigos comparada àquela dos modernos* (1819). Segundo ele, para os "antigos" (isto é, gregos e romanos), a liberdade consistia em exercer a soberania coletivamente e de forma direta, deliberando em praça pública. Os antigos desconheciam, portanto, as liberdades individuais propriamente ditas, já que, em sua época, vigorava o princípio de submissão à coletividade. Para os "modernos", em contrapartida, a liberdade consistiria em ter a própria opinião, poder dispor de sua propriedade, professar o culto livremente e preencher o dia conforme as próprias inclinações. O comércio, então, substituiria a guerra como forma de enriquecimento. Para os "modernos", o tempo tornou-se escasso, de forma que cada indivíduo, ocupado de seus próprios negócios e prazeres, não possui a mesma inclinação que os "antigos" para se dedicar à coisa pública. Daí que, para os modernos, há necessidade de um governo representativo e da separação entre Estado e Sociedade, baluartes da liberdade moderna.

Na avaliação de Constant, durante a Revolução Francesa, ganharam espaço ameaças às liberdades individuais. Segundo ele, Rousseau e seu discípulo espiritual, Robespierre, quiseram retomar a "liberdade dos antigos". Tal retorno poderia culminar em um governo tirânico, o qual, falando "em nome da coletividade", nos obrigaria à submissão. Constant conclui que é preciso, portanto, estar vigilante contra aqueles que prometem a igualdade, mas entregam a tirania: "Não, senhores, não os deixemos agir. Rogai à autoridade de permanecer em seus limites. Que se limite a ser justa e nós nos encarregaremos de sermos felizes."

Em 4 de outubro de 1795 (12 Vendemiário), uma revolta de monarquistas tomou Paris. O comandante militar Jacques-François Menou, simpatizante dos realistas, foi demitido pelo diretor Paul Barras, que nomeou em seu lugar Napoleão Bonaparte, então com 26 anos. Napoleão obteve pleno sucesso no massacre contra os monarquistas e ficaria conhecido como "general Vendemiário".

Desde então, parte importante da história do Diretório é a história da ascensão de Napoleão Bonaparte. Como vimos, Napoleão nascera na Córsega, em 1769, após a ilha ter sido anexada pela França. Ele mudou-se para o hexágono para estudar na Escola Militar de Brienne e, depois, na Escola Militar de Paris. Leitor voraz, passava noites escrevendo poesias, textos filosóficos. "Que pena", diria o escritor Paul Valéry (1871-1945), "ver uma mente tão poderosa devotada a coisas tão triviais como impérios". Contudo, naquele período, não havia nada de "excepcional" em um militar compor poesias. Em uma época na qual não existia o militarismo moderno, era comum entre os soldados e oficiais o aprimoramento cultural em tempos de paz. Um dos maiores romances do século XVIII, *As ligações perigosas*, foi escrito pelo capitão Laclos.

Em suas memórias, Napoleão anotaria: "em 1789, tudo mudou". Napoleão aderiu à Revolução, aproximou-se dos montanheses e, graças à ajuda de outro jacobino corso, Christophe Saliceti, assumiu um posto vacante na defesa de Toulon. Foi quando conheceu Barras. A vitória em Toulon foi aclamada como "transcendente" por Augustin Robespierre, irmão de Maximilien. Porém, após a queda de Maximilien Robespierre, em julho de 1794, Napoleão foi preso. Uma vez solto, tentou uma posição no exército do sultão da Turquia. Mas, antes que obtivesse sucesso, Barras, reconhecendo seu talento militar, lhe permitiu entrar novamente nas estruturas de poder da França.

## A POLÍTICA DE GANGORRA

O Diretório, ao mesmo tempo que lutava para reerguer a economia, enfrentava, à esquerda, os neojacobinos e, à direita, os monarquistas, o que contribuiu para uma instabilidade política que faria a França conhecer quatro golpes eleitorais sucessivos, o Golpe do Frutidor, o Golpe do Floreal, o Golpe do Prairal e, finalmente, o Golpe do Brumário. Esses golpes em cadeia são chamados pela historiografia de *politique de bascule* ("política de gangorra"): sempre que o centro não conseguia maioria nas eleições, eram feitos expurgos contra a esquerda e contra a direita. Vejamos como isso se deu.

Após o inverno de 1795-1796, os neojacobinos, sob a liderança de Lindet e organizados no "Clube do Panteão", reabilitaram a figura Robespierre e exigiram, eles também, a volta da Constituição de 1793. O Diretório, em resposta, decretou pena de morte para quem fosse contrário à Constituição de 1795. Napoleão Bonaparte, agora no posto de comandante das forças policiais parisienses, fechou de forma violenta o Clube do Panteão, marcando com sangue seu afastamento em relação aos jacobinos.

A FRANÇA ENTRE O TERMIDOR E O BRUMÁRIO **153**

Mais importante que os conluios do Clube do Panteão, foi a chamada "Conspiração de Babeuf", de 1796, que teve como objetivo estabelecer uma ditadura revolucionária, representante da vontade do povo, que construiria finalmente a Sociedade dos Iguais. François Noël "Graco" Babeuf (1760-1797), seu principal líder, havia sido um advogado especialista na documentação dos privilégios senhoriais, o que lhe deu grandes conhecimentos sobre a miséria do povo. Por meio do jornal *A Tribuna do Povo*, denunciou tanto Robespierre quanto o Diretório e adotou o nome "Graco", que remetia aos irmãos Tibério e Caio Graco, da Roma Antiga. Por meio do *Manifesto dos Iguais,* Babeuf, inspirado em Rousseau, Mably e Morelly, não pedia a reforma agrária, dado que a fragmentação do solo aniquilaria "soma dos recursos que ele daria com trabalho combinado". Babeuf clamava por algo, em sua percepção, "mais sublime", isto é, "a propriedade coletiva". Para ele, a Revolução Francesa era nada mais que uma precursora de outra revolução, "que será maior, mais solene, e a última".

Com a traição de Georges Grisel, que até então estava ao lado dos Iguais, os líderes da conspiração, seus companheiros que lideravam a conspiração – Babeuf, Buonarroti, Darthé, Maréchal e Lepeletier – acabaram presos em 10 maio de 1796 e executados já no dia 27 (com exceção de Buonarroti). A Conspiração de Babeuf ou Conspiração dos Iguais, um simples episódio na Revolução Francesa, adquiriria maior importância no século XIX, quando se tornou signo da promessa comunista. A memória sobre o episódio da conjuração sobreviveu devido ao relato do sobrevivente Buonarroti, que inspiraria várias gerações de revolucionários até a Revolução Russa de 1917.

*Entre duas cadeiras, a bunda no chão* (gravura anônima do ano VI) denuncia o desequilíbrio no Diretório. Os diretores, apresentados como monstros, não conseguem equilibrar-se entre a direita monarquista, representada pelo trono com flores-de-lis, e a esquerda neojacobina, representada pelo obelisco com os símbolos da República.

A esse episódio seguiu-se uma guinada à direita. Os monarquistas organizaram-se no Clube Clichy, onde se encontravam Royer-Collard e Thibaudeau, e no Instituto Filantrópico, que contava com apoio britânico. Nesse ínterim, os monarquistas conseguiram inclusive eleger um diretor, o antigo aristocrata François Barthélemy, que substituiu Letourneur.

Em março, novas eleições, que renovaram um terço do poder legislativo, atestaram a impopularidade do Diretório: muitas cadeiras foram ocupadas por monarquistas. Contra eles, os neojacobinos clamaram pelo exército francês para "purificar a França". O avanço da direita só poderia ser contido com o recurso ao povo ou ao exército, mas "a própria natureza do regime dos notáveis [que havia, lembremos, desarmado os *sans-culottes*] excluía a primeira solução", diz o historiador Albert Soboul. Por isso, o Diretório estava, cada vez mais, à mercê dos generais.

Assim, em 4 de setembro de 1797 (18 Frutidor), houve a anulação das eleições de março: os 12 mil soldados e 40 canhões do general Augereau invalidaram 149 deputados eleitos por 49 departamentos. Foi a primeira vez na Revolução Francesa que as forças armadas assumiram o papel de árbitros da nação. Para justificar o chamado "Golpe do 18 Frutidor", Napoleão Bonaparte trouxe da Itália uma documentação que evidenciava traição do general Jean-Charles Pichegru, um dos líderes do Clube Clichy, ao passo que o ministro Jean-Marie Sotin apresentou uma investigação sobre as redes monarquistas que envolviam o agente inglês Wickham. Pichegru e outros monarquistas foram deportados para a Guiana e para Oléron. Cerca de 10 mil padres também foram presos, 1.500 deles deportados para as ilhas francesas. Todos os nobres ainda residentes na França perderam os direitos como cidadãos franceses e 42 jornais realistas foram suspensos.

## O SEGUNDO DIRETÓRIO (1797-1799)

Após o golpe e a depuração das forças da direita, iniciou-se o chamado Segundo Diretório (1797-1799). Barthélemy e Carnot foram substituídos por dois antigos jacobinos, Merlin de Douai, autor da Lei dos Suspeitos, e o poeta Neufchâteau, criador das primeiras exposições de invenções tecnológicas da França. Oito dos 12 ministros do atual Diretório haviam sido favoráveis à morte de Luís XVI.

O poderoso revés da direita foi seguido por um fortalecimento da militância republicana. Não se tratou, contudo, de ressuscitar o terror: o movimento dos *sans-culottes* desaparecera, ao passo que, no ano seguinte ao golpe, nenhum prisioneiro político foi enviado para a Guiana e, em 1799, o Diretório ordenou a execução de uma única pessoa por motivos políticos.

Afinal, a contrarrevolução havia sido reduzida a um punhado de conspiradores enquanto o exército somava vitórias.

Mesmo assim, o fortalecimento da esquerda, organizada em Clubes, incomodava os moderados. As elites políticas do Diretório, então, exploraram o medo da "volta dos terroristas". Régnier, em discurso de abril de 1798, disse que os "monarquistas de boné vermelho", nostálgicos de Robespierre, eram tão perigosos quanto os "monarquistas de fita branca", nostálgicos de Luís XVI.

Por isso, nas eleições de 1798, Barras e outros diretores anularam as eleições de neojacobinos, no que ficaria conhecido como o "Golpe do Floreal". Ao todo, 106 deputados eleitos acabaram afastados, e Neufchâteau foi substituído pelo advogado Jean-Baptiste Treilhard. Estava claro que o Diretório, após a prisão dos monarquistas, não aceitaria sequer uma vitória parcial da esquerda. Nas "Repúblicas Irmãs", como eram conhecidas as Repúblicas-satélite da França, golpes semelhantes também serviram para afastar a esquerda. Nas Províncias Unidas, por exemplo, o general Joubert comandou uma intervenção que eliminou os jacobinos batavos do poder em 1798.

Em 1799, Sieyès, que substituiu Rewbell como diretor, pediu o fim da Constituição de 1795. Em meio a um regime desacreditado, ocorreram novas eleições, nas quais os neojacobinos novamente conseguiram várias cadeiras e somente 56 dos 141 candidatos apontados pelos diretores foram eleitos. Como revanche do golpe do ano anterior, deu-se, em 18 de junho, o chamado "Golpe do Prairal": a eleição de Treilhard foi considerada ilegal e ele foi substituído pelo advogado Louis-Jérôme Gohier, antigo líder do golpe contra os girondinos. Os diretores La Revellière e Merlin foram substituídos por Roger Ducos, antigo membro do Comitê de Salvação Pública, e pelo general jacobino Jean-François-Auguste Moulin. Fouché, um dos principais nomes do terror, assumiu o ministério da política.

O Golpe do Prairal, contudo, foi mais ambíguo do que parece, pois envolveu tanto neojacobinos, que tinham em vista a retomada das medidas democráticas de 1793, quanto homens que, como Sieyès, estavam ansiosos por um governo militarizado e restrito a uma elite. Mesmo assim, o novo governo chegou a votar pelo confisco de 100 milhões de libras dos mais ricos, sob pena de deportação para quem recusasse a pagar, e uma "lei dos reféns", que permitia deportar parentes de nobres que agissem contra o governo. A liberdade de imprensa foi restabelecida em 1º de agosto de 1799 e os clubes jacobinos reapareceram. O Clube du Manege, por exemplo, foi criado nos moldes do antigo Clube Jacobino, contando com 3 mil membros.

A reação, como esperado, não tardou. Sieyès denunciou o clube de querer restaurar o terror e, sob ordem de Fouché, ele foi fechado. Os neojacobinos, sem o apoio dos *sans-culottes*, não estavam em condições de resistir aos setores conservadores do Diretório, que tinham apoio do exército.

Pela Lei Jourdan-Delbrel, o Diretório instaurou alistamento universal e obrigatório. Segundo o general Jourdan, a formação militar retiraria dos jovens tanto o "germe do realismo, quanto o germe do anarquismo" (o termo "anarquismo" referia-se ao "jacobinismo"). Tal medida seria copiada por muitos países do mundo nas décadas seguintes.

Enquanto muitos se enriqueciam com a especulação ou com a venda de armas, a situação econômica se deteriorava. O fim do tabelamento dos preços fez a inflação disparar. As perdas foram compensadas pela venda de bens nacionais, sucedida por intensa especulação. Em 1795, o *assignat* foi abandonado.

No Segundo Diretório, a França passou por uma profunda reorganização do sistema de impostos, com maior ênfase nas contribuições diretas, e uma série de manobras financeiras a fim de sanar as dívidas e a inflação. A deflação que se seguiu, embora tenha aliviado a carestia, esteve longe de sanar os problemas do país.

## A CAMPANHA DA ITÁLIA

As instabilidades do Diretório não podem eclipsar o fato de que, ao longo do período, o exército francês colecionava vitórias. A guerra, que vinha desde 1792, era também um dos negócios mais rentáveis na época.

Inicialmente, o ano de 1795 conheceu um esfriamento da guerra. Entre abril e julho de 1795, os conflitos pareciam ter dado uma trégua: a Prússia (para participar da partilha da Polônia), as Províncias Unidas (temendo maior subversão do próprio povo) e a Espanha (visando readquirir colônias) levaram a cabo diversos acordos com a França. Em outubro, a Bélgica foi formalmente anexada à França.

O Haiti permanecia relativamente pacificado sob o comando de Toussaint de Louverture ao passo que Victor Hugues, o "Robespierre colonial", retomou Guadalupe dos britânicos e governou de forma autoritária. As ações de Hugues no Caribe levaram a França a uma "quase guerra", como ficou conhecida, contra os Estados Unidos. Em 1798, Antoine Richepanse restabeleceu a escravidão em Guadalupe.

Bonaparte, após ser nomeado pelo diretor Barras e ter reprimido os realistas, casou-se, em março de 1796, com uma das amantes de seu protetor, Josephine de Beauharnais, aristocrata da Martinica que havia perdido um marido para a guilhotina. Dezoito dias após o casamento, Napoleão já estava no comando do exército francês encarregado de invadir o norte da Itália, tendo como objetivo atacar o maior inimigo continental da França, o Império Austríaco. Sua vitória foi implacável. Após vencer Piemonte, Bonaparte e seu exército cruzaram os Alpes e forçaram negociações com a Áustria que culminaram na Paz de Campo Formio, em 17 de outubro de 1797. Muitas obras de arte italianas foram enviadas para o Louvre. Em Roma, Napoleão forçou o papa Pio VI a fugir para Florença e, em Nápoles, os monarcas Ferdinando e a arquiduquesa Carolina refugiaramse na Sicília.

No triênio 1796-1799, foram criadas várias repúblicas satélites (chamadas "Repúblicas-Irmãs") da França: a República Batava (Países Baixos), Cisalpina (norte da Itália), Liguriana (Gênova), Partenopeana (Nápoles) e Suíça (República Helvética). Em geral, tratava-se de uma combinação de invasões externas com apoio de movimentos revolucionários internos nessas regiões. Em todos os casos, a repúblicas funcionavam como uma trincheira de proteção da França. Em cada uma delas foi implantada uma carta magna nos moldes da Constituição de 1795, a qual acabava com os privilégios da nobreza local. Entusiasmados com os ventos de mudança, em toda Itália criaram-se clubes jacobinos, e a península se tornaria o lugar em que o jacobinismo teria grande penetração fora da França. A um só tempo, e paradoxalmente, caminharam juntos na Itália a difusão das ideias de unificação e, consequentemente, o ódio contra os franceses.

Além das batalhas, Napoleão, na busca de popularidade entre os seus homens, melhorou a condição dos soldados aumentando as rações e a oferta de vinho e conhaque, distribuiu honrarias e permitiu que eles o tratassem por "você". Ganhou, assim, o apelido afetuoso de "pequeno cabo". Na França, cuidou de sua imagem fazendo publicidade de seus feitos e chegou a fundar jornais como *O Correio do Exército da Itália*, o qual, sem qualquer escrúpulo, o comparava a um "cometa". Durante a campanha militar, foram feitos 37 retratos de Napoleão, a maioria encomendados diretamente por ele. O antigo jacobino Jacques-Louis David tornou-se o pintor de seus mais conhecidos retratos. O irmão mais novo de Napoleão, Luciano, chegou a escrever ao irmão mais velho de ambos, José: "não há homens mais odiados na história do que aqueles que dançam conforme a música", tal como nosso irmão, que "parece ser inclinado a ser um tirano". Nas eleições de abril de 1788, Napoleão foi facilmente eleito deputado pelo departamento de Landas.

## A CAMPANHA DO EGITO

Mediante a expansão territorial e de ideias, a Revolução sobrevivia, mas mudava suas características; nas palavras do historiador Michel Vovelle, "a guerra que a sustém, ao mesmo tempo perverte-a".

Há tempos, o Egito era alvo de um projeto imperial francês. Muitos eram os argumentos usados para justificar essa ambição. O abade Grégoire dizia que, se os franceses nada fizessem, os ingleses tomariam todo o globo. Talleyrand, de volta à França como ministro das relações exteriores, defendia a construção de um império colonial francês no Egito e no Senegal como o remédio para saúde econômica da República. Enquanto Grégoire argumentava que os egípcios necessitavam de "instrução moral" (que ficaria a cargo dos franceses, obviamente), Talleyrand, em seu *Ensaio sobre as vantagens das novas colônias,* pontuava que o açúcar no Egito poderia substituir o do Caribe, que ele já considerava perdido. No jornal *Décade philosophique,* afirmou também que a "ignorância dos islâmicos", especialmente "no que diz respeito às mulheres", exigia a intervenção da civilização contra o fanatismo. Sugeriu, ainda, a criação de um Estado judeu na região da Palestina como forma de "civilizar a região".

Nominalmente parte do Império Turco-Otomano, o Egito tinha uma posição estratégica no mar Mediterrâneo e no mar Vermelho. O livro anônimo *Bonaparte no Cairo,* de 1798-1799, mostrava em seu frontispício Napoleão apontando para o canal de Suez, projeto que os engenheiros à época consideravam inexecutável. Uma conquista francesa do Egito bloquearia a rota inglesa do comércio de algodão com as Índias e ajudaria os franceses a dar suporte ao sultão Tippoo, na Índia, que lutava contra os britânicos. O Egito ainda possibilitaria aos franceses acesso a territórios neutros (potenciais aliados, portanto), como Meca, Iêmen, Omã, Sudão e Argélia.

No final do século XVIII, 70% da população no Egito era composta por camponeses muçulmanos. A região tinha considerável presença de mercadores franceses, que gozavam de tratados de proteção para seus negócios. O Egito era governado por Ibrahim Bei e Murad Bei, da dinastia Mamluk, vassalos do sultão do Império Otomano, Selim III. Os dois estavam em disputa com Ismael Bei, que havia pedido auxílio militar aos franceses antes de 1789 para tomar o poder. Quando Ismael morreu em 1791, Ibrahim e Murad culparam os franceses por levantes jacobinos ocorridos no Cairo, onde se formou uma Guarda Nacional e tentou-se criar um "Templo da Razão". Os comerciantes franceses do Egito, então, perderam seus tratados de proteção.

Nesse ínterim, Napoleão invadiu o Egito com 54 mil homens em maio de 1798. "Devo procurar a Glória em sua fonte, no Oriente", disse, referindo-se a Alexandre, O Grande e Júlio César, que haviam conquistado o Egito na Antiguidade. Em julho, Napoleão chegou à Alexandria, milhares de soldados franceses escalaram as muralhas da cidade e fizeram-na se render. Em seguida, a capital, Cairo, conhecia a bandeira francesa. Enquanto isso, um revés: a frota francesa estacionada em Abukir, a melhor esquadra da República, foi destruída pelos ingleses capitaneados pelo almirante Nelson.

Para melhor dominar a região, Napoleão buscou aliança com autoridades locais, especialmente as religiosas: "Clérigos, oficiais e notáveis: digam para a sua comunidade que a França é também islâmica" – afirmou, dando como "prova" a oposição entre o papa e a Revolução. Napoleão chegou a prometer que parte de seu exército se converteria ao Islã. Em sua correspondência com o clérigo de Alexandria, xeique al-Masiri, falou em estabelecer "um regime fundado nos princípios do Alcorão". Nada disso o impediria, claro, de esmagar o ulemá ("sábio", entre os seguidores do islamismo) quando este lhe fez oposição.

Napoleão estabeleceu um sistema de conselhos nativos chamado de Diwan, composto por islâmicos, coptas e católicos sírios. As autoridades francesas estabeleceram uma casa da moeda, hospitais, uma guarda nacional, um novo sistema jurídico, uma gráfica e um jornal semanal. Também trouxeram para o Egito uma grande quantidade de cientistas e criaram o Instituto do Egito, composto por 160 eruditos, que se reunia duas vezes por semana. O próprio Napoleão leu o Alcorão e se envolveu em discussões com clérigos muçulmanos. Foi nesse momento que homens de Napoleão encontraram a famosa Pedra da Roseta, que permitiria a decifração dos hieróglifos egípcios.

Em 22 de setembro, foi celebrada a festa do 7º aniversário da Revolução. Na praça Ezbekkiya, no Cairo, foram armadas colunas simbolizando os departamentos da França, no meio das quais uma pirâmide de sete lados representava aqueles que morreram lutando contra a "tirania dos sultões". O próprio Bonaparte apareceu aclamado pelas tropas e cantando hinos patrióticos. Napoleão passou o resto da vida cercado de lembranças do Egito, incluindo uma lembrança viva, guarda-costas mamelucos.

A guerra no Egito explicitou dois princípios da guerra napoleônica. Em primeiro lugar, a ideia de viver da terra ocupada, de modo que a "guerra alimentasse a guerra". Em segundo lugar, a eliminação dos antigos sistemas de poder, o que atingia, de formas distintas, toda a população. Em outubro de 1798, Napoleão sufocou uma revolta contra a dominação francesa no Cairo, deixando 3 mil egípcios mortos. No ano seguinte tentou, sem sucesso, invadir a Síria. Em Jaffa, cidade próxima a atual Tel Aviv, Napoleão ordenou que suas tropas saqueassem e pilhassem a cidade mesmo após a rendição, tendo em vista a intimidação dos comandantes turcos. O cronista e clérigo egípcio Abd al-Rahman al-Jabarti escreveu que os franceses "excederam todos os limites": na invasão da mesquita Al-Azhar, "trataram os livros corânicos como lixo, atirando-os no chão".

Quando Napoleão retornou à França, deixou Jean-Baptiste Kléber como seu sucessor e encarregado de enfrentar turcos e britânicos no Oriente Médio. Tecnicamente, Napoleão Bonaparte cometeu um crime ao abandonar seu posto no Egito, mas nenhum deputado na França tinha força para ordenar a sua prisão. Kléber reconheceu Murad como príncipe do Egito. Porém, Murad morreu de praga e Kléber foi assassinado por um jovem sírio. Em 1801, seu sucessor, o general Menou, recém-convertido ao Islã, incapaz de resistir, se rendeu aos turcos e britânicos, encerrando a experiência francesa no Egito.

Na política externa francesa, a invasão do Egito representou a passagem da "Política das Repúblicas Irmãs" para o projeto da "Grande Nação". A política da "Grande Nação" diferia em dois aspectos da anterior: em primeiro lugar, descartava a necessidade de uma revolução ou movimento republicano interno para que ocorresse a invasão francesa; em segundo lugar, não se limitava às fronteiras da França ou às suas colônias, mas portava objetivos globais. Em sentido mais amplo, a campanha no Egito nos ajuda a compreender a construção do imperialismo francês moderno. A França lutaria no Egito mais três vezes, em 1840, 1880 e 1956, em todos os casos acabou derrotada.

No mundo egípcio, o clero utilizou os princípios franceses para discutir os usos da filosofia e da lei civil. O xeique Abdullah al-Sharqawi escreveu em um livro defendendo que a libertinagem e o materialismo francês eram fruto tardio da filosofia herética grega e que, portanto, deveriam ser rechaçados.

Enquanto isso, ainda em 1798, a França criou nos cantões suíços, com apoio de revolucionários locais, a República Helvética, "una e indivisível". Algumas regiões da Suíça abraçaram os valores revolucionários, ao passo que outras os viram como nada mais que uma intervenção estrangeira, o que contribuiu para a eclosão de uma guerra civil entre "unitários" e "federalistas", que durou até o ano de 1803. Na cidade suíça de Stanz, por exemplo, 600 casas foram incendiadas pelos franceses.

Entre 1798 e 1799, Rússia, Império Turco-Otomano, Inglaterra e Áustria uniram-se militarmente contra a França e formaram a Segunda Coligação. O czar russo que sucedera a Catarina II, Paulo I, se proclamou Grão-Mestre da Ordem de Malta e anunciou que restauraria a aristocracia europeia.

Na primavera de 1799, os franceses tiveram que recuar na Itália, mas obtiveram novos sucessos nas Províncias Unidas e sobre os russos em Zurique. Na chamada "reação dos treze meses", os exércitos russos e austríacos que ocuparam a Itália obrigaram os jacobinos italianos a fugirem ou se esconderem.

## O GOLPE 18 BRUMÁRIO

Em 1799, enquanto o exército colecionava vitórias, o Diretório era amplamente criticado por corrupção e por não conseguir manter a ordem no país. Ao mesmo tempo, o trauma da guerra civil parecia voltar: os *chouans* se apoderaram de Mans, depois de Nantes, onde foram logo reprimidos.

Nesse momento, apenas 16% dos deputados haviam participado de legislaturas anteriores a 1795, indicando forte descontinuidade (não obstante, três quartos deles tinham experiências nas legislaturas locais). Tendo isso em vista, o diretor abade de Sieyès passou a contar com apoio de outros membros do governo, como Roger Ducos, Talleyrand (que havia voltado do exílio na Pensilvânia) e Lindet, a fim de impor um braço armado que anularia a

A FRANÇA ENTRE O TERMIDOR E O BRUMÁRIO *163*

Constituição de 1795 e traria enfim estabilidade. A princípio, Sieyès contava com o general Joubert, que acabou morto. O general Moreau e Talleyrand, então, indicaram Napoleão para a tarefa. Embora Napoleão tivesse menos de 30 anos e, para ser diretor, fossem necessários 40, há algum tempo a Constituição de 1795 já não valia muita coisa.

Em 9 de outubro de 1799, Napoleão voltou triunfal a Paris e foi recebido pelo Diretório em sessão pública. Em novembro, encontrou-se com Sieyès, Talleyrand e Fouché. Sieyès redigiu os decretos para alterar a Constituição. No dia 9 de novembro de 1799 (o 18 Brumário), o golpe foi consumado: uma parte dos deputados delegou poderes a Napoleão para comandar tropas parisienses enquanto Luciano Bonaparte, presidente do Conselho dos Quinhentos, ordenou a prisão dos deputados opositores. À noite, os deputados instituíam um triunvirato provisório de cônsules para governar a França: Napoleão Bonaparte, Sieyès e Roger Ducos. Foi estabelecido também um Tribunato, que tinha como função discutir as leis propostas pelos cônsules, e um Legislativo, que as votava sem discuti-las. O Senado, guardião da Constituição, nomeava os membros das duas Câmaras. Logo, Sieyès e Ducos assumiram como primeiros senadores, ao passo que Cambacérès, antigo deputado da Convenção jacobina, e Lebrun, antigo deputado da Assembleia Nacional, tornaram-se cônsules no triunvirato junto com Napoleão Bonaparte.

Essa organização política, a menos democrática desde 1789, foi oficializada por uma nova Constituição (a quarta da Revolução) em 1799. A Constituição não apresentava nem preâmbulo nem declaração de direitos, mas foi acompanhada por uma sentença: "cidadãos, a revolução está atada aos princípios que deram início a ela. Ela acabou".

A Constituição de 1799 nada dizia sobre liberdade religiosa e determinava que as colônias poderiam viver em um regime de leis diferente da metrópole, o que abria caminho para a volta da escravidão. O termo "cidadania" foi substituído por "direito à cidade", marcando um recuo do sistema representativo.

Não houve reação popular em defesa do Diretório. A propaganda napoleônica, que reduzira o Diretório a uma época de "corrupção e caos", escondia o papel crucial que o próprio Bonaparte tinha exercido no período. Noventa por cento dos ministros e oficiais do novo governo, afinal, haviam também participado do anterior.

## O QUE É UMA REVOLUÇÃO?

A Revolução Francesa foi experienciada pelos seus protagonistas como novidade. "Julgar o que acontece agora segundo os critérios daquilo que já aconteceu parece-me o mesmo que julgar o conhecido a partir do desconhecido", afirmou o abade Sieyès. Consta que René de Chateaubriand, em 1797, tentou escrever uma História da Revolução. Logo, porém, desistiu de seu intento: "tudo aquilo que escrevia durante o dia era ultrapassado pelos acontecimentos da noite".

O historiador alemão Reinhart Koselleck analisa a Revolução como parte de uma profunda mudança a respeito de nossas concepções de tempo, quando passamos a ver no futuro não o fim dos tempos ou o juízo final, mas uma abertura em direção a um progresso potencialmente perfeito ou radiante.

Até o século XVII, a palavra *revolução* carregava um sentido predominantemente astronômico, isto é, tratava-se do movimento completo em torno de um eixo, como a revolução de um planeta (por isso o livro de Copérnico, de 1543, chamava-se *A revolução dos corpos celestes*). No final do século XVII, a ideia de "revolução" passou a remeter também à noção de uma mudança brusca, ainda que o sentido anterior continuasse presente. Na Revolução Americana, de 1776, estavam presentes tanto a noção de revolução como ruptura quanto a ideia cíclica de "buscar liberdades perdidas". Outrossim, na Revolução Francesa, as duas ideias de revolução conviveram e mesclaram-se. Por um lado, a Revolução era ruptura e transformação: "que se encurtem os gigantes/ e os pequenos se alevantem/ Todos à mesma altura/ Eis a Real ventura", dizia a carnavalesca canção revolucionária "Carmagnole". Por outro, a ideologia de retomada do mundo greco-romano foi bastante presente. As boinas dos *sans-culottes* reproduziam os chapéus dos escravos libertos de Roma, os projetos de justiça eram comparados àqueles dos irmãos Graco em Roma e Napoleão foi incessantemente comparado a César. "Sejamos todos romanos", dizia Saint-Just.

Ocorre que todo paraíso perdido pode pautar um futuro a ser conquistado. Na Revolução Francesa, inspiração e criação, regeneração e ruptura não foram polos antagônicos, mas parte de um mesmo processo. O futuro era um retorno não a uma época específica, mas à natureza, que é eterna e universal porque sempre viva. "O que outrora chamávamos de Revoluções", escreveu Thomas Paine, "eram pouco mais que uma mudança de pessoas, ou uma alteração das circunstâncias locais. Mas o que vemos agora, a partir das Revoluções da América e da França, é uma renovação da ordem natural de coisas, um sistema de princípios tão universal quanto a verdade". Esse "apocalipse adâmico", portanto, recorre aos modelos antigos não porque os franceses queriam se igualar aos romanos, mas porque encontram ali valores universais, inscritos nas possibilidades da natureza humana e redescobertos pela consciência ilustrada.

É assim que compreendemos, por exemplo, a arte neoclássica de Jacques-Louis David. Sua obra *Os litores trazem a Brutus os corpos de seus filhos,* de 1789, hoje no museu do Louvre, nos conta a história de um pai que sacrificou os próprios filhos pelo bem da República. A ideia do sacrifício em favor do bem comum, afinal, é bastante importante em uma época de delações e alistamentos em massa.

*Os litores trazem a brutus os corpos de seus filhos*, de J. L. David (1789, Museu do Louvre), refere-se à fundação da República romana, quando o cônsul Brutus ordenou a morte dos filhos ao descobrir que eles integraram uma conspiração monarquista. O cônsul, representante do *espaço público*, sobrepuja o pai, *a vida privada*.

# A Revolução indomesticável

Para o filósofo prussiano Immanuel Kant, toda revolução, mesmo que imediatamente fracasse, caso bem corresponda às necessidades de seu tempo, despertará esperanças que, não obstante regressos pontuais, continuarão a figurar como horizonte, porque "este acontecimento é por demais importante, por demais imbricado com os interesses da humanidade e de uma influência por demais vasta sobre todas as partes do mundo". As décadas pós-revolucionárias pareciam confirmar esse ponto de vista.

Após 1799, Napoleão Bonaparte apresentou-se como "um homem da Revolução", crítico do privilégio e da intolerância. Mas, ao mesmo tempo, opunha-se às demandas mais radicais do processo revolucionário. Embora a Era Napoleônica não seja objeto deste livro, é importante remeter a algumas de suas características.

Sob a direção de Bonaparte, foi criado um Banco da França, símbolo da estabilidade financeira, e um Código Civil, o qual, ao garantir a propriedade privada, afiançava que as terras confiscadas da Igreja Católica e dos emigrados jamais retornariam aos seus antigos donos. Junto a isso, Napoleão promoveu uma Concordata com a Igreja Católica, partindo do princípio de que a ordem social depende de uma religião oficial: "vão dizer que sou um papista", afirmava, mas "eu nada sou; eu fui muçulmano no Egito, e serei católico aqui pelo bem do povo".

A estabilização política e econômica, combinada à devida exploração dos medos das elites, contribuiu para que ele afastasse progressivamente os outros cônsules e, em 1804, fosse coroado "Imperador dos Franceses" na Catedral de Notre-Dame. Napoleão se encarregou de restaurar a escravidão nas colônias, o que culminou, como vimos, na independência do Haiti em 1804. Enquanto isso, livros abertamente racistas podiam circular livremente na França, como *Os erros da negrofilia,* de Louis-Narcisse Baudry des Lozières, dedicado à imperatriz Josephine.

Entre 1804 e 1812, Napoleão retomou as guerras com outros países da Europa, venceu uma série de batalhas e protagonizou entradas triunfais em cidades como Viena e Berlim. Em cada região conquistada, o Código Napoleônico era imposto, findando com a nobreza hereditária, eliminando as leis de discriminação contra os judeus e diminuindo consideravelmente o poder das Igrejas. Na Prússia, na cidade de Trier, o jovem Karl Marx, nascido em 1818 em uma família judaica, relataria como eram vivas as heranças das leis do período napoleônico. Desse modo, enquanto muitos viram Napoleão como um "libertador", outros, especialmente nas regiões mais católicas, o enxergaram como um "invasor". A principal resistência nos países católicos foi dada pela "pequena guerra" ("*guerrilla*") espanhola e napolitana.

A obra *Os fuzilamentos de Moncloa* (Francisco de Goya, 1814) pode ser vista como uma denúncia da corrupção das luzes que teria levado à violência. Nas sombras, o exército napoleônico, supostamente guiado pelas ideias iluministas, executa os católicos espanhóis que estão iluminados e de braços abertos como Cristo.

A cada avanço, Napoleão controlava menos a situação. Principalmente após a derrota na Batalha de Trafalgar, em 1805, ele se deu conta de que derrotar a marinha britânica seria uma tarefa de Sísifo. Então, para enfrentar os ingleses, ele pôs em prática uma tática de bloqueio econômico, o "Sistema Continental". Diante disso, o principal desafio napoleônico veio da Rússia, onde o czar lhe impôs uma enorme derrota em 1812. Após o fiasco russo e uma série de acontecimentos impressionantes (que incluíram uma fuga de Napoleão da prisão e um novo governo de 100 dias), o Império Francês acabou derrotado em 1815, findando a longa guerra de 1792-1815.

Após a queda de Napoleão Bonaparte, o problema da estabilidade tornou-se político por excelência. Após o Congresso de Viena (1814-1815), na França, voltaram ao poder os Bourbon, sucedendo-se como reis os dois irmãos mais novos de Luís XVI, Luís XVIII, conde da Provença, e Carlos X, conde de Artois. O primeiro, que aceitou a monarquia constitucional, teve dificuldade em controlar os grupos reacionários, os "ultras". O segundo não tentou controlar os reacionários, pois era um deles. Porém, suas tentativas de restaurar o Antigo Regime levaram a França a mais uma revolução, em 1830, que fez com que outro monarca constitucional chegasse ao poder, Luís Felipe de Orléans, filho de Felipe "Igualdade". Procurando acalmar os ânimos, o chamado "Rei Burguês" trouxe de volta a bandeira tricolor para a França e cercou-se de vários "homens de 1789", como La Fayette, que comandou sua coroação, Sieyès e Talleyrand. O historiador e filósofo François Guizot, que se tornou ministro, enxergou nesse regime "a vitória definitiva da Revolução Francesa".

A França, contudo, estava profundamente dividida. O historiador Augustin Thierry, em 1820, não hesitou em dizer: "nós, os franceses, somos duas nações vivendo no mesmo solo". Com a Primavera dos Povos, de 1848, Orléans foi derrubado e a França viveu a sua Segunda República. A abolição definitiva da escravidão, a instauração do voto universal e a criação de oficinas públicas alimentaram a esperança de que a Segunda República cumprisse as promessas da antiga Convenção Montanhesa.

Enquanto isso, nomes como Lamartine, Mignet, Tocqueville e Michelet escreviam as primeiras Histórias da Revolução Francesa. A escrita da História da Revolução Francesa, desde cedo, esteve em estreita ligação com os próprios acontecimentos da França. Buscava-se no processo revolucionário, simultaneamente, compreensão para o presente e inspiração para o futuro.

Mas, pela segunda vez, a República não perdurou. A França conheceria outro Napoleão, sobrinho do primeiro, Luís Napoleão Bonaparte, o qual, explorando o medo generalizado de uma guerra civil, venceu as eleições e proclamou-se Napoleão III em 1852 (Napoleão II morrera de tuberculose, aos 21 anos de idade). O curso de História da Revolução Francesa dado por Jules Michelet no Collège de France foi interrompido em janeiro de 1848, retomado em março e novamente eliminado com a ascensão do novo Bonaparte, em 1851. Em 1852, Michelet perdeu o cargo por não prestar juramento ao novo imperador.

O *remake* napoleônico feneceu com a morte de Napoleão III nas prisões alemãs, após a Guerra Franco-Prussiana de 1870. Ainda em 1871, como reação aos desastres da guerra e as misérias do povo, em Paris novamente constituiu-se uma Comuna, com forte presença socialista e anarquista (que duraria apenas 72 dias). À Comuna seguiu-se a Terceira República Francesa, quando uma boa fatia das conquistas moderadas da Revolução Francesa parecia assegurada.

Em 1891, a Universidade da Sorbonne ganhou a sua primeira cadeira universitária dedicada à História da Revolução Francesa, dirigida pelo historiador Alphonse Aulard, o qual marginalizou interpretações "conservadoras" da Revolução Francesa, como as de Hippolyte Taine e de Augustin Cochin. Aulard criou a primeira revista acadêmica sobre o tema, preparou coleções oficiais de documentos e propagou uma interpretação "republicana" do processo revolucionário.

Mais tarde, as obras de Jean Jaurès e de Albert Mathiez deram lugar a outra interpretação da Revolução Francesa, chamada "jacobina", a qual, sob inspiração de Marx, interpretava o fenômeno revolucionário sob o prisma da luta de classes. Com Mathiez, veio a defesa aberta de Robespierre, contra a exaltação de Danton feita por Aulard. Apesar disso, nessa época eram poucos os autores que pensavam a Revolução para além da França, a despeito dos esforços de nomes como Albert Sörel.

A interpretação "jacobina" atingiu sua versão mais refinada com os trabalhos do discípulo de Jaurès, Georges Lefebvre, que assumiu a cadeira da Sorbonne em 1937 e publicou trabalhos clássicos sobre os camponeses na França. Importantes historiadores seriam influenciados pela obra de Lefebvre, caso de Ernest Labrousse e dos britânicos George Rudé e Richard Cobb. Dentre eles, contudo, destacou-se Albert Soboul, que ocupou a cadeira da Sorbonne entre 1968 e 1982. Suas obras, embora tenham sido alvo principal dos ataques "revisionistas", são até hoje referências para pensarmos os *sans-culottes*.

Na década de 1940, os fascistas franceses enxergavam a Revolução Francesa como ameaçadora: o clássico *1789*, de Lefebvre, foi proibido pelo marechal Pétain na França de Vichy. Pétain enxergava os valores revolucionários como inimigos da "pátria, trabalho e família". O manual de Educação Cívica de Bernard Fäy, de 1941, reproduzia a tese de Barruel de que a Revolução foi "uma conspiração maçônica". Na Alemanha, o ministro de Hitler, Goebbels, disse que queria "apagar 1789 da História".

Um dia após os nazistas serem expulsos da França, Georges Lefebvre escreveu um belíssimo texto, intitulado *D'elle* ("Sobre Ela"), a respeito de como os soldados franceses ainda viam a Revolução como referência de liberdade e esperança.

Após a Segunda Guerra Mundial, os historiadores Robert Palmer e Jacques Godechot redirecionaram o foco da Revolução Francesa para uma

"Revolução Atlântica", mostrando as afinidades entre a revolução ocorrida na França e as revoluções que ocorreram nos Estados Unidos e em outros lugares da Europa. A interpretação, à época, foi vista por alguns críticos como uma apologia à Otan, fato sempre negado por Godechot.

Também sob o impacto da Guerra Fria, é preciso mencionar dois historiadores críticos aos jacobinos: à esquerda, Daniel Guérin, que enxergava os *sans-culottes* como um proletariado organizado, capaz de superar o autoritarismo jacobino; à direita, Pierre Gaxotte, que continuou a estigmatização da violência revolucionária. O trabalho de Guérin seria muito apreciado pelos intelectuais de Maio de 1968 que criticavam o stalinismo.

Ainda nos anos 1960, historiadores de língua inglesa, destacadamente Alfred Cobban, passaram a questionar a interpretação "jacobina" (também chamada "interpretação social") da Revolução Francesa, isto é, negar a ideia de que tivesse havido uma luta entre a burguesia e a aristocracia, dado que esses grupos, por sua diversidade e complexidade, não poderiam ser considerados classes antagônicas em 1789. Segundo essa interpretação, em vez de uma revolução social com consequências políticas, a Revolução Francesa seria uma revolução política com consequências sociais.

Tal interpretação "revisionista" atingiu seu ponto máximo na obra de Denis Richet e de François Furet, este o historiador com maior projeção nas comemorações do bicentenário da Revolução Francesa, em 1989 (o que, evidentemente, não deixa de ter relação com a Queda do Muro de Berlim e a crise do chamado "socialismo real"). Em resposta, os defensores da "interpretação social" lembraram, entre outras coisas, que a noção de "revolução burguesa" não é invenção dos marxistas, mas dos próprios liberais, estando presente na obra de Barnave, Guizot e Thiers. Seja como for, embora algumas obras "revisionistas" tenham sido descaradamente exageradas, trabalhos como os de Furet e Ozouf deixaram um legado importante e apresentaram críticas incontornáveis a trabalhos que por vezes pecavam pelo esquematismo e anacronismo.

Embora, como vimos, não concordemos com a posição de Reynald Secher, ele e outros historiadores "à direita" tinham razão sobre a necessidade de darmos atenção às guerras da Vendeia e às "Franças" que recusaram a Revolução. Tanto que Jean Clément Martin, especialista na Vendeia com uma posição distinta de Secher, assumiu a direção do Instituto de História da Revolução Francesa no início do século XXI.

Outro fato contemporâneo é o próprio espraiamento da historiografia da Revolução Francesa, com um peso relativo cada vez maior dos historiadores de língua inglesa, caso de Keith Baker, William Doyle, Timothy Tackett e Lynn Hunt. Cabe destacar ainda a recente retomada do paradigma interpretativo de Palmer, agora redimensionado para a escala "global" e sem deixar de escanteio o mundo colonial. A revista fundada por Mathiez, os *Annales historiques de la Révolutions Française*, continua referência para os historiadores da área, e, enquanto um punhado de reacionários continua a repetir o mantra da "Revolução Totalitária", os historiadores têm estudado aspectos pouco ou mal trabalhados pelos historiadores clássicos, como o caráter imperial dos fatos revolucionários, o direito dos animais e a participação das mulheres.

Junto a isso, a Revolução Francesa permanece viva no imaginário, o que se verifica, por exemplo, pela "mania de Maria Antonieta" (*marie-antoinettemania*), dos anos 2000, que teve sua expressão máxima no sucesso do filme *Maria Antonieta*, de 2006. Mesmo sem provas de que Antonieta era uma *tribade* (nome do século XVIII para as homossexuais do sexo feminino), a rainha tornou-se, nos dias de hoje, um importante ícone *gay*, seja por sua apropriação pela cultura *drag*, seja por seu suposto romance lésbico com a princesa Lamballe (mencionado no clássico de Radclyffe Hall, *O poço da solidão*, de 1928).

Já faz tempo que os historiadores da Revolução Francesa abandonaram o hábito de declarar onde se sentariam nas Assembleias da Revolução Francesa ou qual a sua liderança política preferida. Portanto, não terminarei este livro com qualquer apologia das figuras revolucionárias, embora o leitor atento, claro, já tenha percebido minhas preferências. Mesmo assim, tenho convicção de que o estudo da História da Revolução Francesa pode nos ajudar a compreender a contemporaneidade e, mais do que isso, a pensar criticamente outras modernidades possíveis.

# Sugestões de leitura

DUNN, John. *A história da democracia*: um ensaio sobre a liberação do povo. São Paulo: Editora Unifesp, 2021.

FLORENZANO, Modesto. Burke: 'A Man for All Seasons'. *Revista Brasileira de História*, v. 17, n. 33, 1997, p. 32-69.

FURET, François; OZOUF, Mona. *Dicionário crítico da Revolução Francesa*. Rio de Janeiro: Nova Fronteira, 1989.

GÉRARD, Alice. *A Revolução Francesa*: mitos e interpretações. São Paulo: Perspectiva, 1999.

HUNT, Lynn. *Política, cultura e classe na Revolução Francesa*. São Paulo: Companhia das Letras, 2007.

MORIN, Tania Machado. *Virtuosas e perigosas*: as mulheres na Revolução Francesa. São Paulo: Alameda Casa Editorial, 2014.

OLIVEIRA, Josemar Machado de. *O père Duchesne no interior da revolução democrática*. Vitória: Cousa, 2017.

OZOUF, Mona. *Varennes*: a morte da realeza – 21 de junho de 1791. São Paulo: Companhia das Letras, 2009.

SAES, Laurent Azevedo Marques de. *A Société des Amis des Noirs e o movimento antiescravista sob a revolução francesa (1788-1802)*. São Paulo, 2013. Tese (Doutorado em História Social) – Faculdade de Filosofia, Letras e Ciências Humanas, Universidade de São Paulo.

SOARES, José Miguel Nanni. *Joseph de Maistre*: intérprete da Revolução Francesa e da modernidade. São Paulo, 2014. Tese (Doutorado em História Social) – Faculdade de Filosofia, Letras e Ciências Humanas, Universidade de São Paulo.

SQUEFF, Enio. *A música na Revolução Francesa*. Porto Alegre: L&PM, 1989.

**GRÁFICA PAYM**
Tel. [11] 4392-3344
paym@graficapaym.com.br